生命的答案，水知道

典藏紀念版

全球熱銷突破四百萬冊，
揭開心念的強大力量

江本勝——著　長安靜美——譯

目次

CONTENTS

推薦序 聽見宇宙來的水訊息

王莉莉 Shila

能爲這本書寫推薦序深感榮幸，在我成爲《祕密》系列譯者前，我曾於中山女高、澳門科技大學任職英文老師的一小段時間，在課堂上分享過書裡美麗的六角形結晶的照片給學生們欣賞，當年單純只是表層地覺得書裡那些像雪花般的水結晶很美、愛與感謝很重要而已。

時隔多年，中間經歷過《祕密》系列譯作開啓的身心靈學習之旅，重新再看這本寶書，發現當年任教的我還沒完全了解的概念，例如：「量子力學」「同時性」「對水的了解愈深，愈難以否定上帝的存在。」「來自宇宙彼端的水將愛與感謝封印其中來到地球……透過細胞中的水而使得原始記憶開始甦醒。一切只爲傳達愛與感謝。」……

江本勝先生果然有先見之明，他早在二〇〇二年出版的這本書中寫下，「……高度關心心靈重要性的人不斷增加，我個人認爲這是一個好的趨勢，時代確實朝這個方向邁進，也許在這個世紀，這樣的思考將成爲主流。」五年後，《祕密》上市，隨即開啓了這十多年來新時代思考的主流，書裡也引述「現在最尖端的科技已發展到不進入精神領域或意念等非肉眼可見的領域，便無法解釋的境界」，二〇二一年臉書公司爲了要打造結合其他最新科技的「元宇宙」（metaverse），更名爲Meta，也正好呼應此段。

從給水聽音樂、看字、到應用在米飯、植物的實驗，說明了：一句好話的震撼力，會將一切帶往好的方向；置之不理的殺傷力比一句壞話更強。

我也和作者一樣，很喜歡在不同語言的「愛與感謝」下綻放如花朵般的水結晶。作者在第三章「意識創造一切」提到「愛與感謝就是免疫力」：

「愛與感謝二合一的水結晶比起只有『愛』能呈現更爲悠遠的氣質，綻放有如鑽石般的光輝。未來需要的是感恩的心，心存『感謝』，充滿在體內的水便會清徹明淨，而我們就將化身爲光輝燦爛的水結晶。」

其實《祕密》的續集《力量》談的就是關於「愛」，而《魔法》談的就是「感謝」。這也和啓發《祕密》作者的百年古書、隔一年出版的《失落的致富經典》第七章「感謝」所強調的一致。

作者曾請一位寺廟住持至水庫旁祈禱，他觀察前後的水結晶照片，祈禱後的水結晶周圍閃耀著聖潔的光輝。也分享他的恩師在日本最大湖泊聚集三五〇人齊聲高誦祈禱文淨化湖水，因爲「祈禱就是語言的靈魂」。我才想到，我最早註冊使用的email id就是prayandyes，中譯即「祈禱就會實現／心想事成」，後來竟也在神奇力量的牽引下，成爲了談類似概念《祕密》系列的譯者。

書裡也提到「形態形成場」形成時，其傳播便可大大跨越空間、時間的限制，瞬間影響到其他地方。所以建議我們試著營造一個充滿愛與感謝的世界。剛好我同時經營的、也闡述同樣核心精神的《3分鐘未來日記》同名臉書社團，觀察到在相對短的時間內觸及不少世界各地的華人讀者，也符合這個現象。

不論是《生命的答案，水知道》或《祕密》系列，在混沌混亂的世界中，特別是後疫情時代、人們不斷尋求生命的解答，因而產生共鳴、遍及世界的速度似乎也就愈快。

期許有緣在這個時間看到、重拾這本書的每一位都成爲「聽見宇宙來的水訊息」的人，將每一滴生命之水注入這世界，轉達、觸及給更多的人。

（本文作者爲《祕密》系列譯者）

前言　水結晶帶來的訊息

從我開始拍攝水結晶，以全新的研究方法與「水」相交至今，轉眼已經八年了。

在這之前，我一直以波動測定法進行水的相關研究，但在得知水結晶這個水的嶄新面貌之後，我發現水不僅有萬種風情，水結晶的照片更傳遞了許多訊息。

較之自來水，天然水的結晶令人驚豔；聽到好音樂，水呈現的結晶更是美不勝收。另外，分別將「謝謝」與「混蛋」兩句話給水看，水所展現的結晶竟是截然不同的強烈對比，充分暗示著我們人類該如何面對生命的吉光片羽。

一九九九年，我將之前的照片集結成攝影集《水的訊息》，這本書由一家小出版社出版，並採取自行訂購的方式。雖未在書店上架銷售，卻還是在口耳相傳的情況下成爲暢銷書。

這種情況相當罕見。對這個意想不到的發展，我雖不至於誇張到每天戰戰兢兢，但還是衷心感激大力推薦、介紹這本書的朋友。

由於我希望世界上能有更多人接觸這本書，因此出版時特別將所有說明文字附上英文翻譯。後續文中我也會提到，下這個工夫的確使更多海外人士看到這本書，拜此之賜，我也有幸多次獲邀到以瑞士為主的歐美各國演講。

水結晶的照片和其中蘊含的諸多訊息之所以能披露並廣為人知，我想絕對是因為時機成熟，是時代讓眾人產生共鳴。光就這一點，我也要由衷感謝上帝安排我從事這個工作。

我雖提到上帝，但這本書的主角卻是水。只不過對水的了解愈深，愈難以否定上帝的存在。不知你是否也有同感？我希望大家在看這本書的照片時，也能思考一下這個問題。

此次接獲出書的邀稿，除了水啓發的神祕訊息，我也想將心中醞釀許久的心得寫出來。在告知Sunmark出版社的植木宣隆主編之後，他欣然應允，並表示這也是他原來的期望。除此之外，編輯部的齊藤龍哉更是不辭千里的陪同我到瑞士演講。

現在，稿子終於完成。重新閱讀，我自己也十分滿意。書中不僅提及我過去十數年鑽研的波動論，也更進一步表達了我透過過去的經驗、研究所累積的人生觀及宇宙論。在此衷心希望各位讀者惠予指教。

值此書出版之際，承蒙「心」公司的谷川眞司社長、Sunmark出版社的植木主編，以及齊藤先生的鼎力相助。同時，我也要感謝書中爽快回應採訪的每一位朋友。

另外，書中實驗用的世界各地水資源，全賴「NICHIREI ICE」公司前社長田口哲也先生的大力提供，在此一併致謝。

衷心將愛與感謝獻給閱讀此書的讀者朋友，並將尊敬與感謝，獻給宇宙所有的水資源。

感恩！

江本勝

二〇〇一年九月一日

序章

事情，是這樣開始的

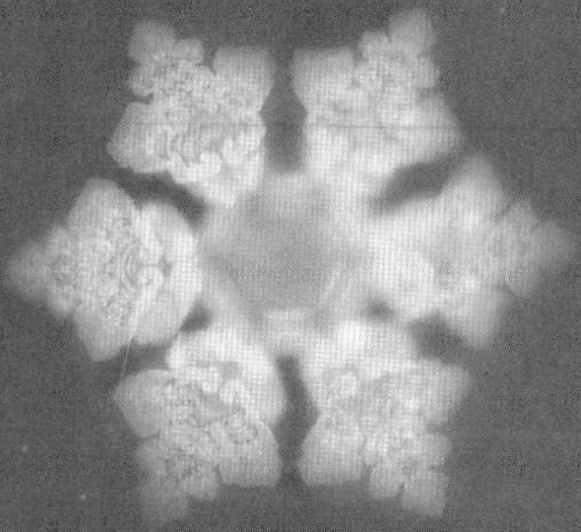

現在正在閱讀此書的朋友，在這個時代，你們如何生活？不，問得更簡單些：你現在，幸福嗎？

當然，幸福的形式因人而異，如果暫且將幸福定義為心境平和，不憂慮未來，每天活得開心愉快，那現在的你，稱得上幸福嗎？

我想大部分的人都無法自信滿滿的回答這個問題吧。事實上，有太多的人對自己的生活方式缺乏自信。然而，困擾我們的到底是什麼？這個世界到底起了什麼變化？

就我而言，現代猶如「太古時代」，也就是宇宙成形前膠著混亂的無秩序狀態。

我們每天光是過日子就已經疲憊不堪，報紙、電視充斥資訊，工作上又必須面對跟客戶的糾紛、誤解及齟齬……生活之中煩惱俯拾皆是。

放眼世界也一樣。經濟風暴、國內紛爭、種族歧視、環境問題、宗教戰爭……這個小小的地球，幾乎承載了所有的糾紛煩擾。而這些壞消息幾乎在短短幾秒之內，便傳遍世界各地大大小小的國家。

在糾紛中掙扎受苦的人、冷眼旁觀的人、受到統治或壓榨的人、有錢人、愈來愈窮困的人……

到底是誰把這個世界變得這麼複雜？世界不斷分裂，愈分愈細、愈來愈複雜，讓我們困擾技窮、綁手綁腳的，彷彿要被拖下更深不可測的混沌之中。

每個人都在這螻蟻地獄般的世界求生，大家都在尋求答案，一個簡單卻篤定的答案，期待有這樣的一句話，能讓世界獲得救贖。

爲什麼會產生如此混沌的狀態？最大的問題是什麼？答案是，一切的一切都趨向分裂而非和諧。或許這也是無可奈何的事，雖然同爲人類，只要居住的地域或種族不同，想法便會有差異。

膚色、生活習慣、宗教……可說是形形色色的人共同生活在這個地球上。再加上幾乎大部分的人都不擅長接納與自己不同的事物，因此地球上便充斥著各式各樣的爭端，而且永無止境。面對這樣的世界，在「以人爲主」的前提下，恐怕找不到任何解決方法吧。

這麼一來，似乎就毫無轉寰餘地了。到底有沒有一句話，可以簡單說明這個世界，並適用於居住在地球上的每一個人，同時獲得大家的認可呢？

在這裡我想提點各位的是，人體平均七〇%由水構成。

人在誕生前的受精卵狀態，有九九％是水；出生後，原本占九〇％的水在成人之後會降到七〇％，據推測死前應該會降至五〇％吧！換句話說，人終其一生都是活在水的狀態之下。

從物質的角度來看，人就是水。以這個前提思考，就可以很冷靜的去看許多事情。

首先，不管是什麼種族，這個前提不會變，所以以下我要談的事情，是全世界一體適用的。同時人類該如何生活的答案，也呼之欲出。

想要擁有健康幸福的人生該如何是好？一言以蔽之，只要占人體七〇％的水乾淨就好了。

河川流動而得以保持清澈澄淨，一旦積滯混濁，對水而言就等於死亡，也就是說水必須保持循環。健康狀況亮起紅燈的人，多半都是體內的水，也就是血液凝結所致。血流一旦凝滯，身體便開始腐敗，如果又是腦血管，恐怕就攸關生死了。

血流爲什麼會凝滯呢？我想這和人類的感情窒礙有關。近年醫學已經證實，心理狀態會大大影響身體。生活輕鬆愉快，身體自然健康無病，但若陷於煩惱愁苦之中，身體便會出狀況。

當感情流動順暢，任何人都會感到幸福洋溢，身體自然隨之健康。不混濁、不停滯、源源流動，對人來說，這才是最重要的。

水蘊含著宇宙和生命的全貌

在想到我們是人之前，先想到我們是由水構成的，相信更能回答出人是什麼。因為只要知道水是什麼，便能明白人的本質，從而得知人類生存的意義。

水到底是什麼？首先可以想到的是，水是生命力，人只要失去體內五○％的水分便無法生存。人體透過水分吸收養分，並透過血液或體液將養分循環、輸送到體內各部位。因為體內的水在流動，生命才有活力。從生命的觀點來看，水可以說是能量的傳遞者、運貨工。

負責輸送能量的水，可以說是通行體內的貨車，如果貨車沒有打掃乾淨，堆積許多垃圾而汙穢不堪，運送的東西也不會乾淨，因此水必須常保清潔。

從很久以前，水負責傳遞能源的說法便廣為人知，並用於疾病治療，其中最特殊的莫過於「同類療法」（Homeopathy）。

這是十九世紀前半，德國醫師哈內曼（C. F. Samuel Hahmemann）研發的一種治療方法，不過其實它的起源遠早於此。據說在西元前四至五世紀，希臘醫學之父希波克拉提斯便已經留下使用此法的記載。這個療法，一言以蔽之，就是「以類制類、以毒攻毒」。

比如說中了鉛毒的人，只要讓他喝下以同樣鉛成分稀釋十乘以負十二倍到四百倍、整個物質分子幾乎不存在的鉛水，症狀就會消失。

只要稀釋到水中幾乎不存在任何物質，只留下該物質所擁有的特性，水就會變成治癒鉛毒的藥了。

同類療法認爲稀釋倍數愈高效果愈好。我想可能是因爲體內毒素濃度愈高，稀釋率也必須隨之增加吧。

換言之，症狀消失並非仰賴物質的效果，而是靠稀釋後複寫給水的訊息，化解中毒症狀的訊息。

水可以複寫訊息並加以記憶。海水可能記錄了靠大海維生的生命故事，冰河中或許也冰封著地球幾百萬年的歷史。

水在地球循環，經過我們的體內，然後擴展到世界各地。如果我們能讀懂水所記錄的訊息，一定會發現一部壯闊的史詩吧。

因此，認識水，等於認識宇宙、大自然與生命的全貌。

好話與壞話，會將一切導向兩個極端

我長年研究水。邂逅這部複寫資訊給水的機器後，大大的改變了我的人生。我在美國見到這部機器，並將這部機器引進日本，研發出讓病患飲用接受過資訊複寫的水來恢復健康身體的獨創療法。

很多人造訪我的事務所，並逐漸恢復健康。只不過當時大部分的醫師對於這種只用水便能使身體健康的方法，非常不屑一顧。

我堅信水會記憶並傳遞資訊，但是醫學界卻完全不認同這件事。

一九八七年，法國科學家傑克．班伯尼斯特做了一個實驗，證實同類療法的原理。他經過詳細計算，將某一種藥稀釋到藥分子幾乎不存在之後再確認藥效。出乎意料的是，稀釋過後的水竟具有與高濃度藥劑相同的藥效。

這位科學家將這個實驗結果投稿到英國的科學雜誌《自然》（*Nature*），但是《自然》雜誌卻在接獲稿件一年之後才刊登，並在文後註明：「此一結果缺乏物理學根據，簡直無可置信。」也因此，這項假設一直被塵封至今。

對於推翻歷來常識的嶄新研究或實驗，醫界或多或少總是抱持著這種態度，也因此我不斷思考是不是有什麼實物證據或是眼見爲憑的材料，足以說明水能夠記憶訊息。

當然，只要架高心中的天線四處張望，哪怕是日常容易忽略的小事，也可以從中獲得極珍貴的啓示。有一天我無意間翻開一本書，看到一行標題，大意是：

「雪花結晶，絕無雷同！」

這一點我們小時候學校就教過了。地球上持續下了幾千萬年的雪花，每一朵都有獨一無二的容顏。然而那一天，這句話卻向我的心吶喊著不同的意義。

「原來如此！說不定把水冰凍起來觀察結晶，可以發現完全不同的面貌。」

那一瞬間，我開始朝全新的世界展開冒險。我的點子是：把水冰凍之後拍下水結晶的照片。

我的個性向來是靈感一來立即付諸行動，因此馬上請公司的年輕研究員展開實驗。不過，這是個前所未聞的實驗，沒有任何證據顯示它行得通。

但我卻非常篤定。我有強烈的預感，這項假設絕對正確，這個實驗一定會順利進行。更不可思議的是，做事總是三分鐘熱度的我，面對這項實驗時卻非常執著。

我立刻租用了相當精密的高度顯微鏡，並將水放入一般冰箱的冷凍庫結冰。不過由於在常溫下拍攝，冰塊融解快速，因此有好一陣子根本拍不到結晶的照片。

爲此，我每天邀研究員吃飯，鼓勵大家不要灰心，不論如何都要竭盡全力去做。

著手實驗兩個月後，終於拍出第一張水結晶的照片，那是個非常美麗的六角型結晶。看到研究員跑來報告時欣喜若狂的樣子，我也不自覺地隨著熱血澎湃。

現在爲了方便觀察，我們在實驗室放了一個大型冰箱，並將溫度常設在攝氏零下五度。而設備得以完備，完全是拜這個結果之賜。回首前塵，想到我們竟能在那樣的環境下拍到結晶，還是覺得冷汗直下……

有志者事竟成。一切都掌握在人的意識之中。而我也再次確定：形象創造世界。

在那之後拍到的水結晶照片，不容強辯的說明了世界的一切，其中還蘊含了深奧的哲理。結晶體成形於溫度上升、冰塊開始融化的數十秒之間。就在這剎那之間，宇宙眞理以肉眼可見的姿態展現，並隨即消逝。正是在那一瞬之間，我們窺見了前所未知的世界。

我拍攝水結晶所採取的具體方法如下：

首先將一種水分別放到五十個有蓋的玻璃皿（剛開始的前幾年是放到一百個玻璃皿）上，放進攝氏零下二十度以下的冷凍庫中冰凍三小時。如此，玻璃皿上會因表面張力而突起圓形、直徑大約一釐米的冰粒。再將光線投射到一個個突起的冰粒上，同時用顯微鏡觀察，便可以看到結晶。

當然，並不是五十個玻璃皿都會呈現同樣的結晶，有的甚至沒有結晶。統計這些結晶，並製成圖表，便可了解水的性質，諸如哪些水會出現類似的結晶體，哪些水完全不會結晶，還有哪些水的結晶不完全等。

首先，我觀察比較的是城市的自來水。東京的自來水全軍覆沒，幾乎完全拍不到美麗的結晶。日本的自來水由於在消毒的過程中使用「氯」，而將天然水的美麗結構破壞無遺。

相對於此，只要是天然水，不管出自何處，展現的結晶都異常美麗。湧泉、地下水、冰河、依舊保持自然原貌的河川上游（下游因生活廢水流入，往往無法看到美麗的結晶），不管是世界上什麼地區，只要是大自然中未受汙染的水，都會呈現美麗的結晶。

就這樣，我們拍攝、檢視水結晶的研究正式上了軌道。

不久之後，負責拍攝水結晶的研究員突然沒來由的迸出一句話。

他說：「讓水聽聽音樂，看看會有什麼樣的結晶吧。」看來，他完全被水給迷住了。

的確，透過音樂傳達的律動，有可能改變水的性質。由於我本身也相當喜歡音樂，幼時還曾認真想過要當聲樂家，因此舉雙手贊成這項獨特的實驗。

然而，說是聽音樂，要在什麼狀態下給水聽什麼音樂，我們根本毫無頭緒。經過幾次錯誤嘗試，我們終於得出結論，決定在兩個喇叭之間放一瓶水，並且以一般人聽音樂的音量讓水聽音樂。由於使用的水也必須每次都是同一種，因此我們決定拿藥房販賣的精製水試試看。

結果簡直美妙極了。聽到貝多芬〈田園交響曲〉的水，呈現的結晶正如明朗爽快的曲調般美麗而整齊；遇上對美充滿深刻祈望的莫札特〈四十號交響曲〉，結晶體也竭盡全力的呈現華麗的美感。

最妙的是蕭邦的〈離別曲〉，小而美的結晶竟令人驚訝的呈現出分散狀。〈後來我才知道〈離別曲〉並非原名，看來水感受到的，應該是當初爲這首樂曲起名的人所擁有的感性。〉

水就這樣隨著美麗的古典樂音，發揮各自不同的個性而形成結晶。相對的，讓水聽充滿憤怒及反抗語言的重金屬音樂，結晶呈現的全都是凌亂毀損的形狀。

接著，我突發奇想的讓水看字。我把水裝進瓶子，在紙上寫了一些字，並將字面朝內貼在瓶身。我想了解水在看了「謝謝」跟「混蛋」之後，結晶會不會有所不同。

水閱讀文字，從而理解文字意涵並改變結晶形態，就常理而言，根本就是天方夜譚。但是透過音樂實驗得到啓發，我對自己的想法不存一絲疑惑，馬上著手這項實驗。有如誤入未知叢林般，這項實驗令我滿心期待。

結果揭曉，簡直大大出乎意料之外。看到「謝謝」的水，呈現的是清楚而美麗的六角形結晶；相對的，看到「混蛋」的水，呈現的結晶則和聽到重金屬樂時一樣，是細碎零散的結晶。

同樣的，看到「我們一起做吧」的邀請時，水結晶的形狀非常完整規則，但是看到「給我做」這個命令句的水，甚至無法呈現結晶。

這個實驗說明了日常生活的措詞有多重要。一句好話的震撼力，會將一切性質帶往好的方向；而一句惡言，則會將所有的事物都引向破壞。

「愛與感謝」將會是引導未來世界的關鍵

探討水的故事，如同追溯宇宙結構的一段冒險，而水結晶是通往不同空間的入口。在反覆拍攝結晶照片的實驗中，曾幾何時，或者該說在不知不覺之間，我踏上了通往宇宙深奧眞理的階梯。

在這之中，有一張結晶照片深深擄獲我的心。我從沒見過這麼美麗絢爛的結晶體——那就是「愛與感謝」的水結晶。水在歡悅之餘，盡情綻放花朵般的結晶，美得足以改變我的人生。

透過「愛與感謝」，水告訴我們人心有多麼重要，而意識擁有的力量足以改變世界。

日本自古以來即有靈魂留宿於語言之中的「言靈」思想。這個想法認爲，語言本身就具有改變世界的力量。語言大大的影響我們的意識，因此我們也盡量使用積極的字眼，讓事情順利進行。只是在過去，這些想法都不曾以用肉眼可見的形態獲得認同。

語言是心靈的展現。面對生活的心態，會改變占人體七〇%的水，並且展現在身體上。擁有健康體魄的人，心靈相對健康，正是所謂健全的精神寓於健康的體魄。

開始研究水的時候，因爲希望更多人回復健康，我也爲許多人進行診療。在接觸罹患各種疑難雜症的病患後，我開始確信這些病症並不僅是個人的問題，同時也源於社會整體的扭曲。我益發堅信如果不改變扭曲的世界，不僅病患人數不會減少，心裡有病的人更不可能獲得醫治。

那麼世界扭曲的又是什麼呢？是心，心靈的扭曲影響全宇宙。正如一片積水中如果有一滴水滴下，便會擴散出無限波紋，只要一個人的心靈扭曲，便會使周遭的一切產生扭曲，從而影響全世界。

不過，各位大可放心，這種情形還有救，那就是「愛與感謝」。世界正在祈求，世界想變美麗，正在祈求最極致的美。請回想一下我們最初的定義：人類是水做的。看到水結晶的人們，體內的水一定會產生某種變化，並在其中找到極致的美。那就是「愛與感謝」的結晶。

這也應該是所有宗教的根源，如果眞能達到這個境界，就不再需要法律了。現在，你已知道答案——「愛與感謝」將會是引導未來世界的關鍵。水明確指引我們生活的方向，而環繞水的每一段史詩，都是一個細胞連結到宇宙的無限故事。

希望你跟我一樣，滿懷期待的欣賞這些史詩。

第一章

宇宙由什麼構成

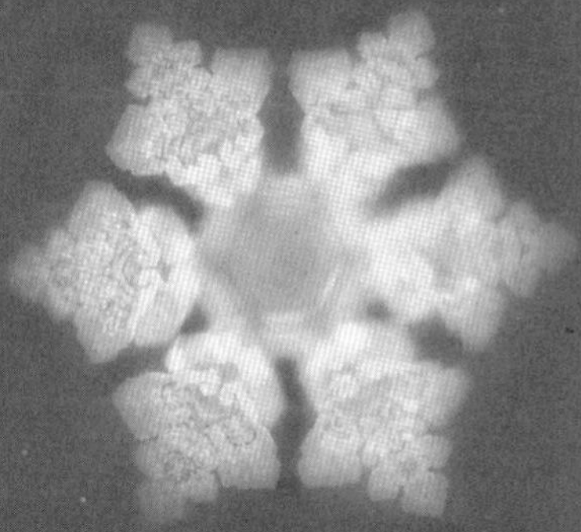

人由水構成，是透觀世事的關鍵。只要從這個角度重新審視這個世界，便可看到與過去迥異的風景。

人類所編織出的無數史詩，可以說就是水所映照出來的一段段故事。人類社會正如一片汪洋大海，我們以各自的姿態滴落海中，從而參與社會的運作。

我希望將水蘊含的訊息更爲廣泛的傳達給大眾，因此將水結晶的照片集結爲一本攝影集付梓出版。這可能只是一顆小小的水滴，但卻出乎意料的引起一個大波浪，進而泛起更大的漣漪回到我身邊。

攝影集在一九九九年出版，之前我已經拍了六年的水結晶，大量的照片都靜靜躺在我辦公室一隅。

當我爲了出版攝影集，將這些照片拿出來整理，才發現，曾幾何時這些結晶照片已經寫成了一段非常美妙的故事。照片上的每一顆結晶都在訴說一個故事，並開展成一部壯闊史詩。

當我想到要集結水結晶照片，出一本攝影集之後，馬上就跟好幾家出版社聯絡，可惜都沒有好消息，但是這並沒有動搖我出書的決心。

最後，我決定以公司的名義自行出版這本攝影集，但是到實際銷售的階段，卻又遇到一個難關。我因爲未加入出版流通的行列，因此無法在書店上架展售。

這可眞是難倒我了。沒辦法，我只好自行將已經接受預購，僅僅數百本的書一一包裝寄出去。

書寄出後不久，突然有了變化，原本預購的人再度回流訂書。也就是買了書的人口耳相傳，又介紹給親朋好友，喚起了廣大的迴響。一個人買五本、十本，甚至還有人買來送給朋友，帶動的趨勢就正如水面泛起的漣漪。

由於希望世界上有更多人看到這本攝影集，我委託翻譯公司在所有的說明旁加上英譯。很幸運的，託後來負責替我翻譯的阿維翰特・靜子的福，這本書很快就有機會呈現在外國人的眼前，因爲她不斷將這本攝影集寄送給歐美友人。不久，爲這本攝影集所感動的人們，開始熱情邀請我去演講。

拜此之賜，我有幸將水結晶的照片介紹給瑞士、德國、奧地利、荷蘭、義大利、英國、美國、加拿大等世界各國的人。

我想，我是碰上了絕佳的時機。大家正不斷的尋找出路，想從這個混沌的世界中解脫，而我所出版的攝影集雖然是微不足道，但卻將極有意義的一滴水注入了世界。

接下來，雖然只是極少的一部分，就請大家細細品味我過去所拍的水結晶照片。有一些曾經收在之前的那本《水的訊息》中，有些則是收錄在它的續集《水的訊息2》中的一些照片，另外還有一些是剛拍好的新作。相信大家一定能由此親身體驗水在看到不同文字、照片，或是聽到音樂時產生的變化。

攝影集在日本和世界各地傳開之後，我聽到很多的意見和感想。換言之，我所掀起的小小漣漪，激起了出乎意料之外的大波浪。

人的意識或語言所具有的能量，能夠透過水結晶，以肉眼可見的具體形態呈現出來，這件事讓許多人訝異不已。過去，諸如此類語言及思想足以改變水或其他物體性質的想法，都只被視為宗教或哲學的課題。

如今，許多人都有同感，那就是水結晶體的莊嚴姿態，似乎象徵了世界上所有的美。但相對的，無法形成結晶，而呈現扭曲狀態的水，則暴露了長期隱藏在人心深處的黑暗。

我在演講時經常搭配水結晶的幻燈片，人們看到的反應可說是南轅北轍。有人因為太過意外而驚歎不已，也有人會感動得掉淚。一滴水，激起人心無數的漣漪。

邀請我到瑞士並企畫演講的馬妮愛拉・金姆女士，在看了攝影集後敘述她的感想：

「水結晶照片最美妙之處，就在於肉眼可見。透過這些照片，我們的意識得以加倍的速度飛躍、覺醒，過去的所思所感因爲眼見爲憑而發展得更加快速。」

另外一位瑞士籍的女性也有感而發：

「透過水結晶照片，我們可以親眼見到意識或語言等能量的轉化。這個方法是唯一，而且首度讓我們看見難以掌握的能量的實際姿態。我們不相信看不到的東西，但是水結晶卻讓我們看到了一切。我想這已經不是信不信的問題，只要透過這個方法，相信任何人都能驗證。」

來自日本的一封明信片也寫道：

「透過這本攝影集，讓我重新認識水並不單只是物質，同時也是大自然生命力的展現，具有淨化的作用及生成育化萬物的神祕功能。看到心、念、波動透過水結晶變化呈現，讓我感覺到心的概念與語言的重要性。這是前所未有的珍貴資料，眞是讓我感動萬分。」

水結晶在瞬間擄獲人心，並縈繞不去。爲什麼水結晶有這麼大的魅力呢？這裡面隱藏了解開宇宙之謎的關鍵，同時爲人與宇宙共存的方法開了一扇心窗。

振動頻率無所不在

水是心靈的明鏡。水有多種面貌，並具體呈現人類的意識。爲什麼水可以反映人心呢？而意識又是什麼？在說明這些之前，首先要請各位了解以下這些事。

萬物透過振動存在，宇宙的森羅萬象透過振動發出固定的頻率，而形成獨特的波動。

我的一切理念根基於此。而在不斷研究水的過程中，我也發現這是宇宙的基本原理。

化爲語言，大概不消一行字就說完了，而對初次耳聞的人來說，或許很難理解吧。

「萬物都在振動？眼前的桌子、椅子、自己的身體，舉凡肉眼可見的一切都在振動？這是什麼意思？」

的確，若說可以透過觸覺了解質感、內在都十分飽實的木材、石頭、水泥等東西在振動，實在很難取信於人。

然而在量子力學等科學的領域，物質的振動卻是一項常識。若將物質一一細分，其實我們身處的是一個所有東西都是粒子、波動的不可思議世界。

假設你有一個微小的身體，即將展開揭發宇宙形成祕密的探險。只要想像你的身體小到有如原子，便能明白世界萬物都只是圍繞著原子核周圍的電子。原子透過電子的數目與形狀，維持固有的振動。

萬物在原子世界並非都緊實飽滿，只是不斷在原子核周圍繞行、類似周波的東西。

萬物透過振動保持運動狀態，並以超高速率反覆閃爍。《般若心經》就曾提到：「色即是空，空即是色——換言之，肉眼所見非實體，肉眼不見者才眞實存在。」

遠古以前釋迦牟尼佛這番謎樣的偈語，現在神奇的經由科學證實了。

給水看字

在玻璃瓶中注入水，將不同的話語打成字條，貼在瓶身上給水看。

【愛與感謝】

水呈現幾近完美的結晶，說明「愛與感謝」正是大自然生命現象的根源。

【ありがとう（日文）】

儘管語源不同，但不管看到哪種語言的「謝謝」，
水總是呈現形狀整齊的美麗結晶。

【多謝（中文）】

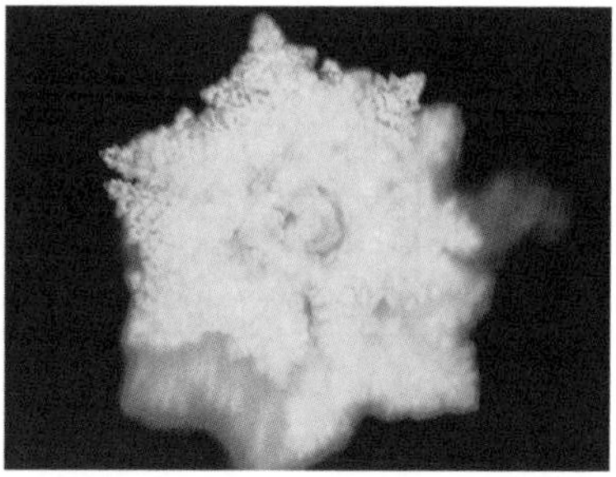

【Thank you（英文）】

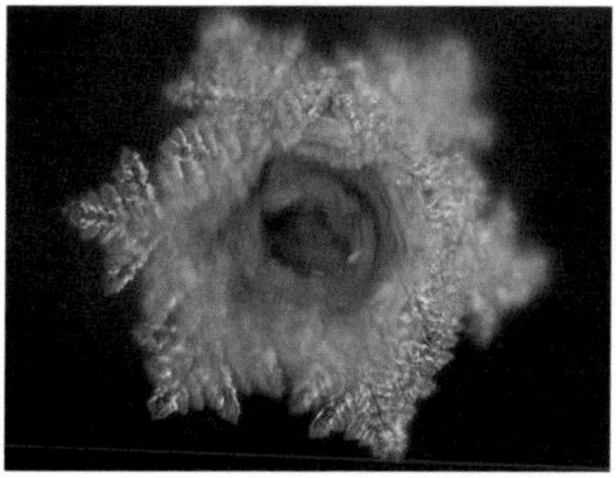

【Danke（德文）】

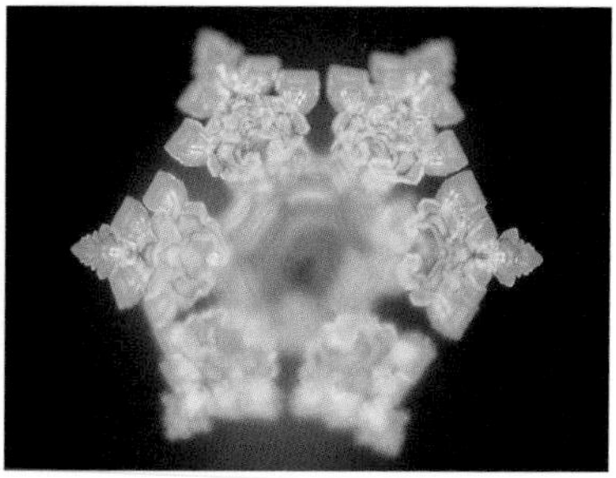

【Merci（法文）】

【감사합니다（韓文）】

【Grazie（義大利文）】

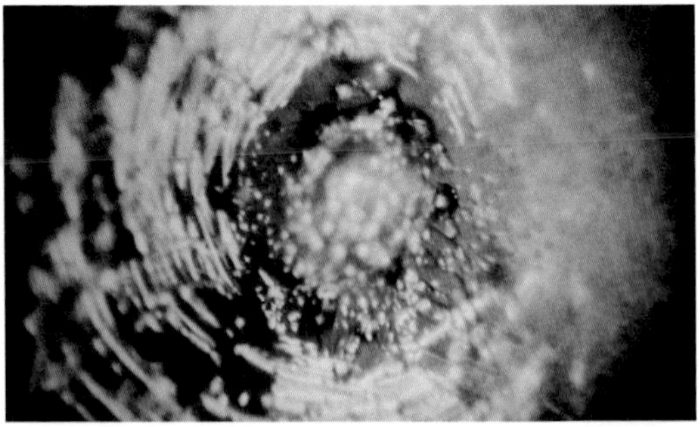

【混帳】

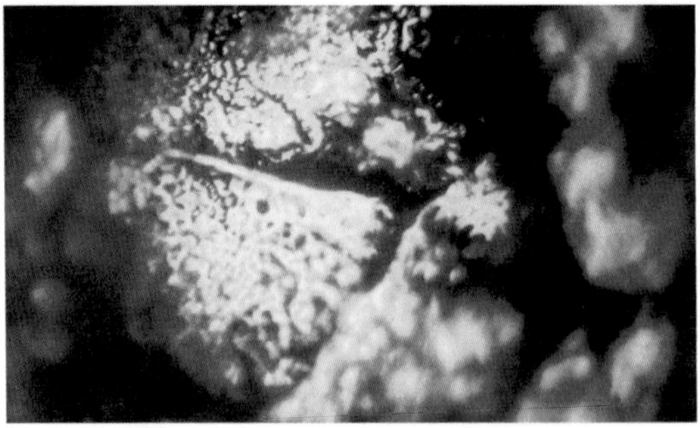

【You fool】

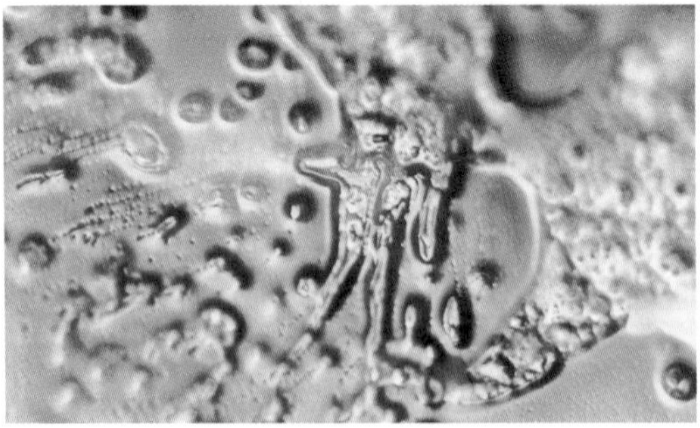

【火冒三丈、宰了你】

看到罵人、傷人的話，水都無法形成結晶。
碰上「火冒三丈、宰了你」，水竟然呈現像孩子正被欺負的模樣。

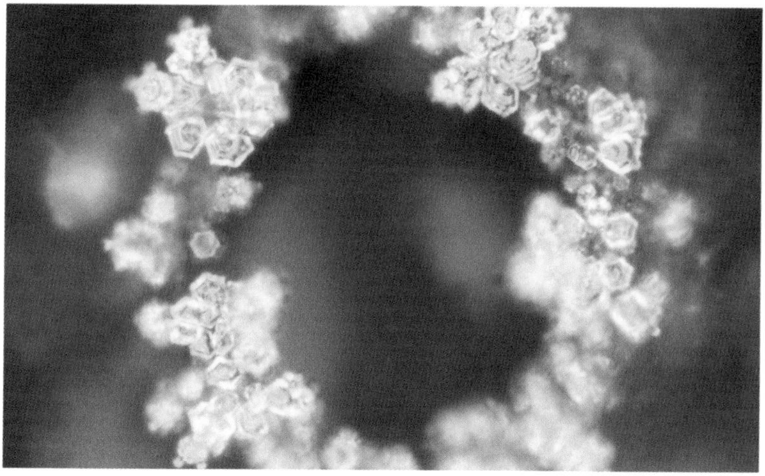

【天使】

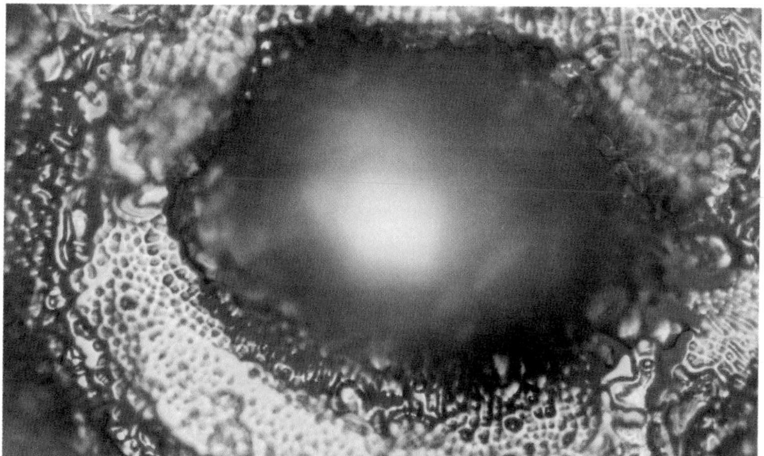

【惡魔】

「天使」讓水呈現由很多小結晶環繞的模樣，
「惡魔」則讓水結晶中心部分呈現黑色突起狀，感覺充滿攻擊性。

【來做吧】

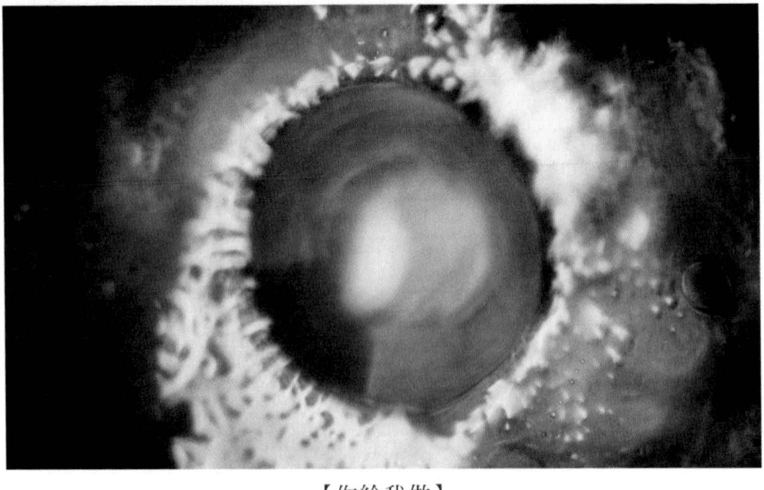

【你給我做】

「來做吧」形狀玲瓏可愛，「你給我做」卻狀似惡魔。
也許這正說明強制或命令不合大自然的法則吧。

【對不起】

坦承錯誤應該是件好事吧。
看起來有點模糊，可能是因爲說得太明白了，反而有點挖苦人的感覺。

【智慧】

【Wisdom（英文）】

【Weisheit（德文）】

不管哪一種語言，看到「智慧」的水結晶都同樣端正。
不知道這是不是因爲大自然的法則沒有地域之分呢？

在小學做的實驗

我在小學讓學童們對水說話。也有一些是放著不理的。

【好可愛喔】

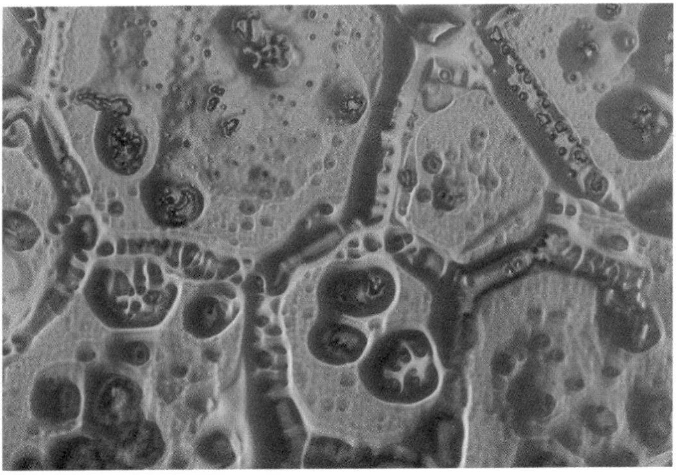

【王八蛋】

這是聽到小學生說話的水結晶體。「好可愛喔」呈現可愛的形狀，
但是聽到「王八蛋」的水結晶如何呢？你可以很清楚的看到。

【偶爾聽到「你好漂亮喔」的水】

【不斷聽到「你好漂亮喔」的水】

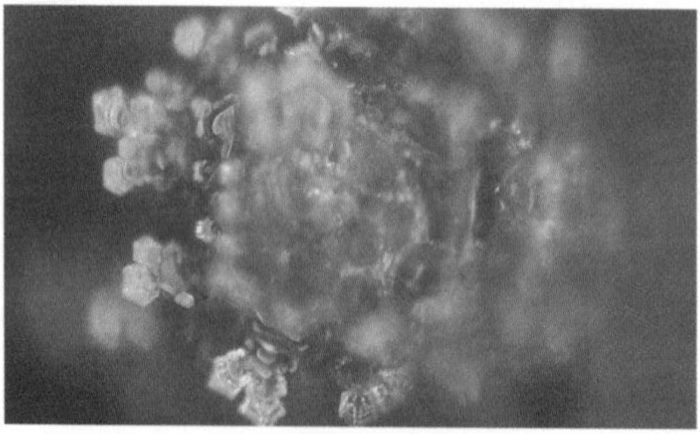

【放置不管的水】

不斷聽到「你好漂亮喔」的水，會產生比偶爾聽到時更完整的結晶。
而放置不管的水結晶，形狀最散亂。

宇宙是什麼面貌？

這是讓水看地球的照片，以及日文、英文、德文的「宇宙」字樣所呈現出來的結晶。

【宇宙（日文）】

【Cosmos（英文）】

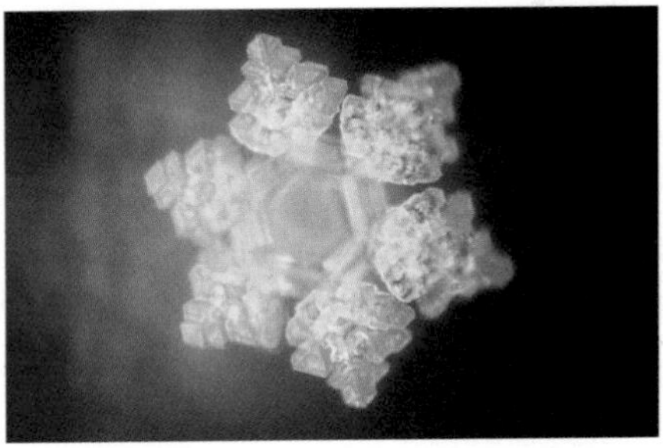

【Kosmos（德文）】

跨越三國語言的「宇宙」，呈現出來都是端正的形體。
大自然的道理或許正是超越國界而共通的。

【看到地球照片的結晶】

看到地球照片的結晶非常美麗，可惜形狀稍嫌扭曲。
如果再工整一些，恐怕就是最美麗的結晶了。

水也會聽音樂嗎？

將玻璃瓶中的水置於兩個喇叭之間，讓水聽音樂。

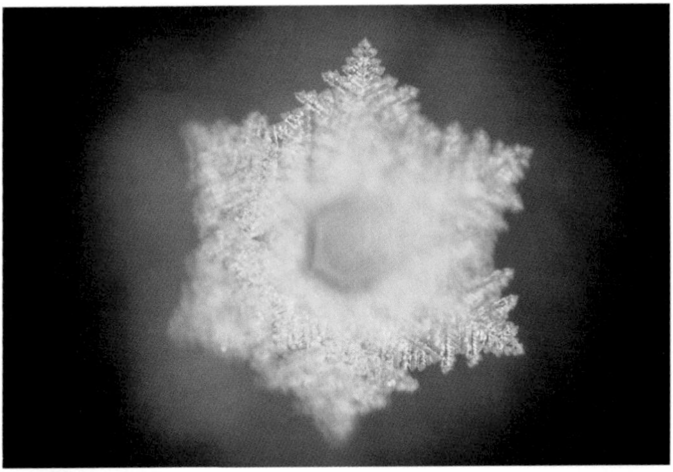

【貝多芬〈命運交響曲〉】

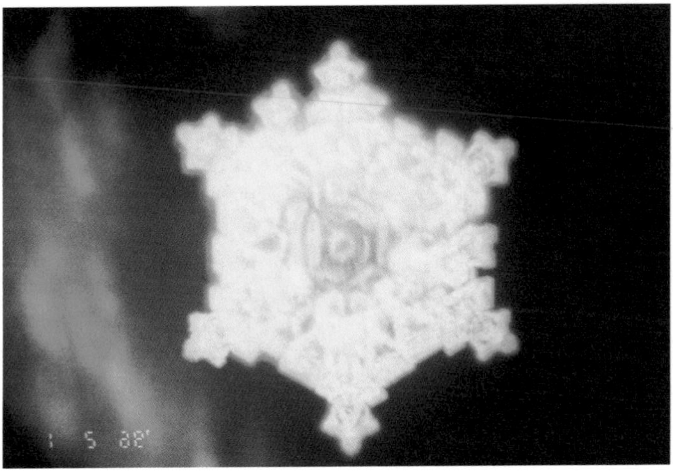

【貝多芬〈田園交響曲〉】

聽貝多芬交響曲的形狀都非常浪漫，
呈現細緻而工整的美感，具有慰藉人心的效果。

【莫札特〈40號交響曲〉】

一如曲調，結晶非常美麗，比較特殊的是，
這個結晶彷彿呈現了莫札特奔放的性情。

【巴哈〈詠嘆調〉】

結晶跟隨小提琴流水般的節奏，呈現相互連結的形狀，頗為獨特。

【蕭邦〈離別曲〉】

【蕭邦〈雨滴〉】

聽到鋼琴演奏的水結晶呈現細粒狀。〈離別曲〉雖不是原來的曲名，但是結晶卻呈現分開的細粒散狀。〈雨滴〉所呈現的則正如水滴。

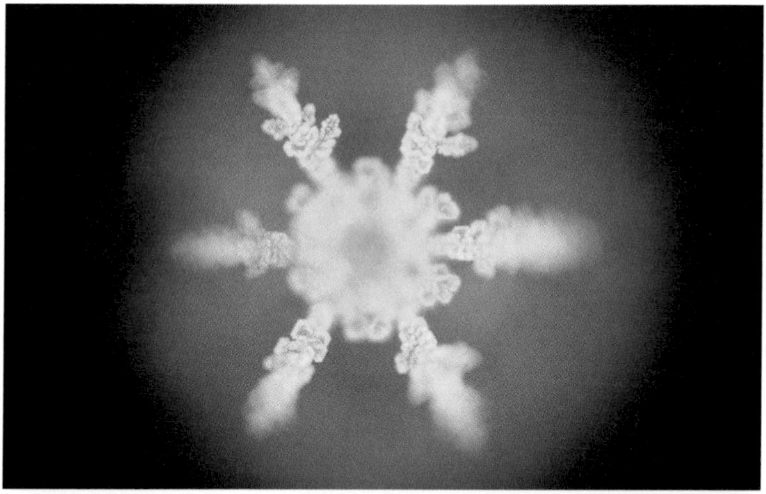

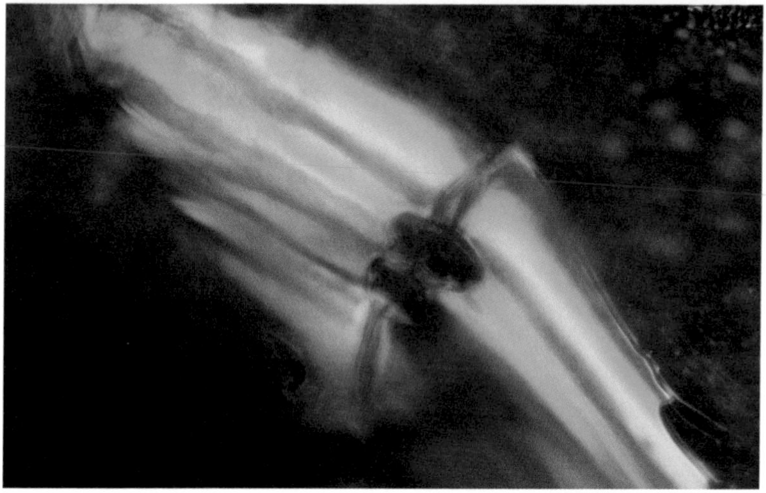

【柴可夫斯基〈天鵝湖〉】

彷彿天鵝纖細身軀般的結晶。另外一個不知道是不是希望之光。
結晶或許也會隨劇情起伏而變化。

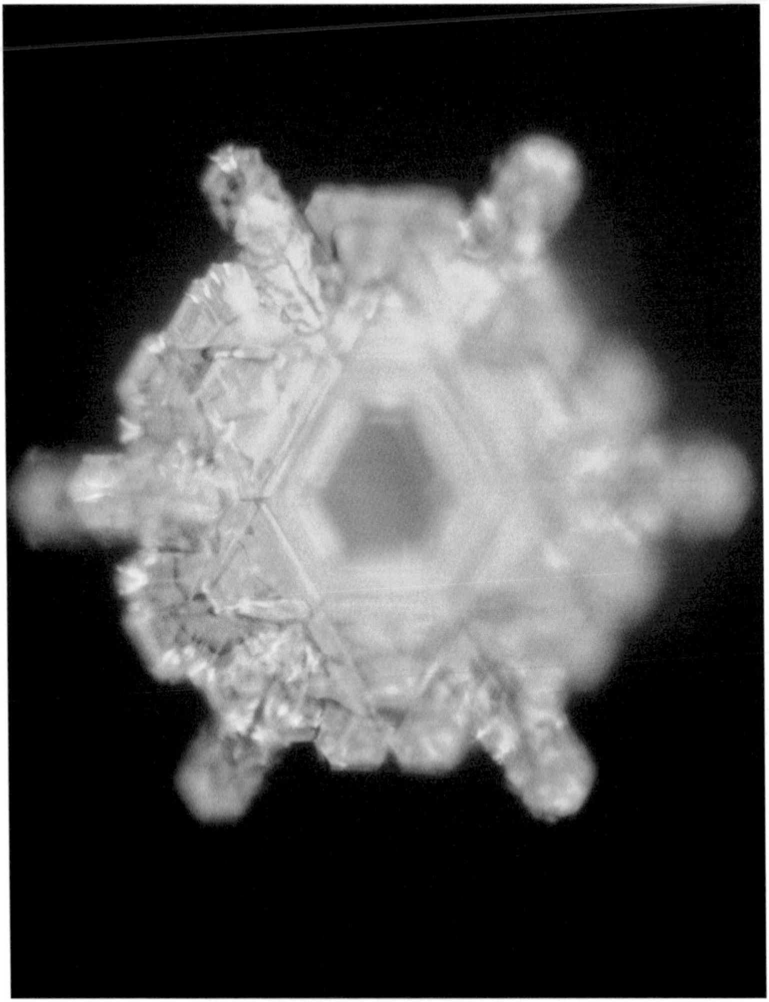

【披頭四〈昨日〉（Yesterday）】

以披頭四的歌來說，這個形狀出乎意料的工整。
這首曲子可說是受全世界人喜愛的名曲，難道是因爲它很簡練嗎？

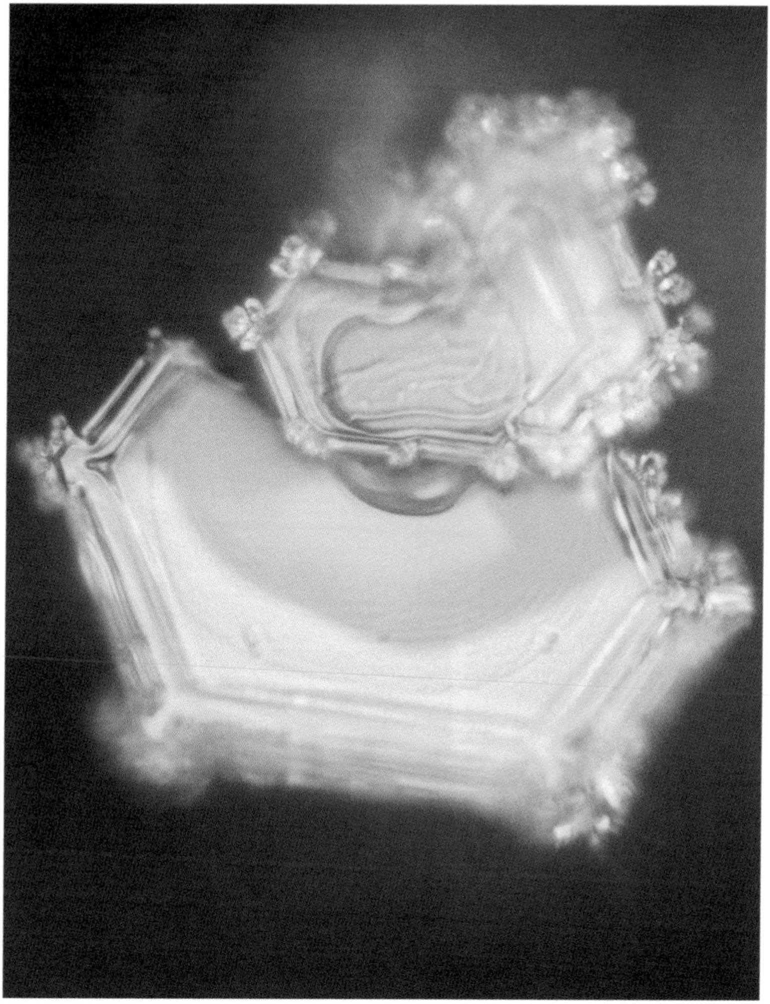

【貓王〈傷心酒店〉（Heart break hotel）】

如同曲名，結晶一分爲二，正是心碎的感覺。

【爵士樂（巴德・包威爾〈埃及豔后之夢〉）】

這是一首五〇年代的現代爵士。
美麗的結晶正說明這是混沌的時代中充滿療傷效果的音樂。

【某重金屬樂曲】

曲調嘈雜，歌詞也充滿憤怒及低俗的語言。
結晶體與「混蛋」類似，反映的與其說是音樂，不如說是歌詞。

【秋】

【春】

【冬】

【夏】

【韋瓦第的〈四季〉】

花朵初綻的春天、盛開的夏天、孕育新生命的秋天、蟄伏靜待成熟的冬天。
水結晶充分展現了四季的意涵。

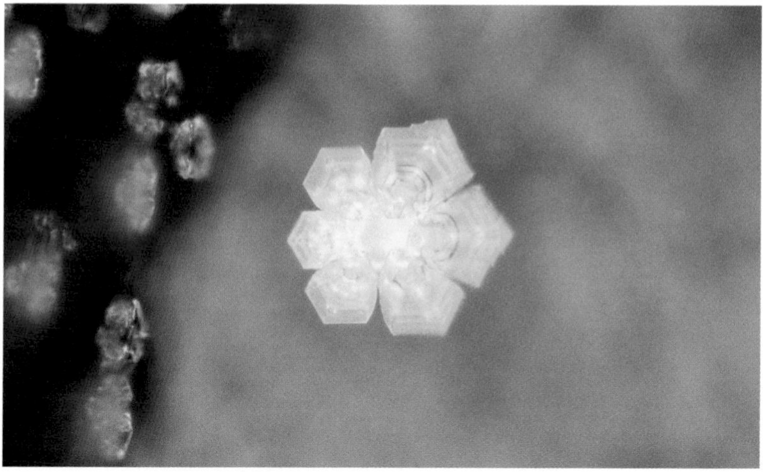

【歌曲〈發現小小的秋天〉】

【歌曲〈紅蜻蜓〉】

〈發現小小的秋天〉的結晶體玲瓏如落葉。
〈紅蜻蜓〉的六片花瓣是不是看起來有一點像蜻蜓展翅？

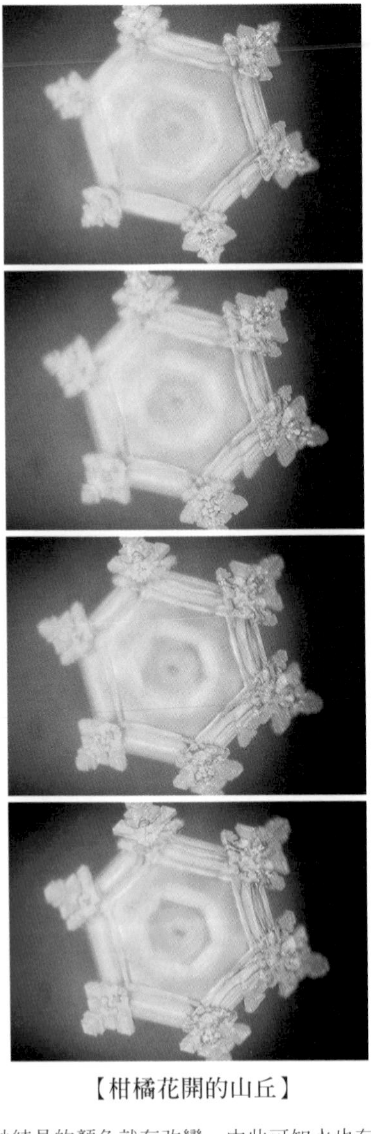

【柑橘花開的山丘】

每十秒結晶的顏色就有改變，由此可知水也有呼吸。
中間圓形轉紅的部分，正如逐漸紅熟的橘子。

電磁波果然恐怖！

我們試著做了一個實驗，將蒸餾水及看過「愛與感謝」的兩種水，分別放在電視、電腦旁，或者緊貼著行動電話，以及用微波爐加熱。

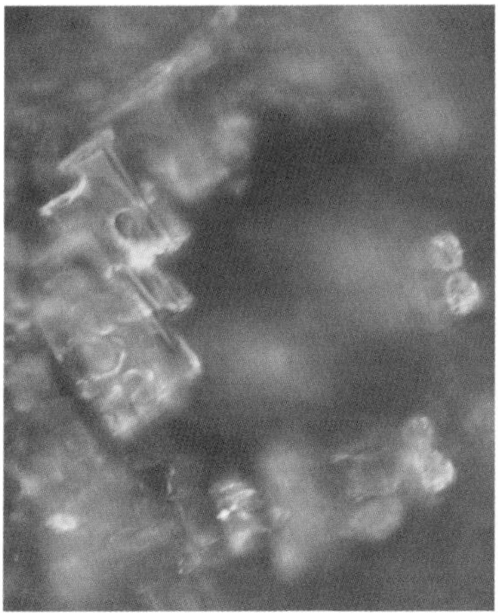

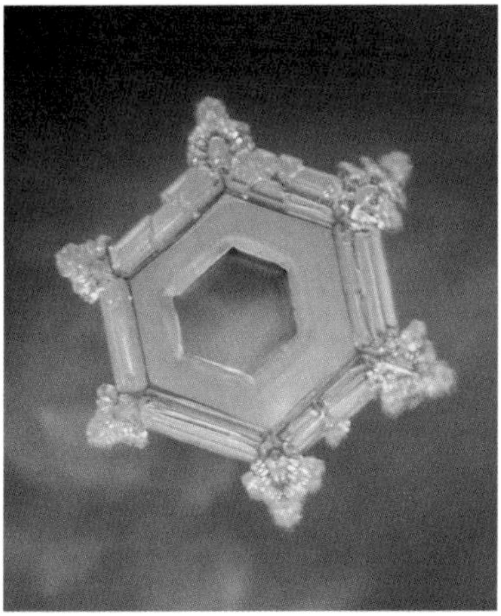

【電視】

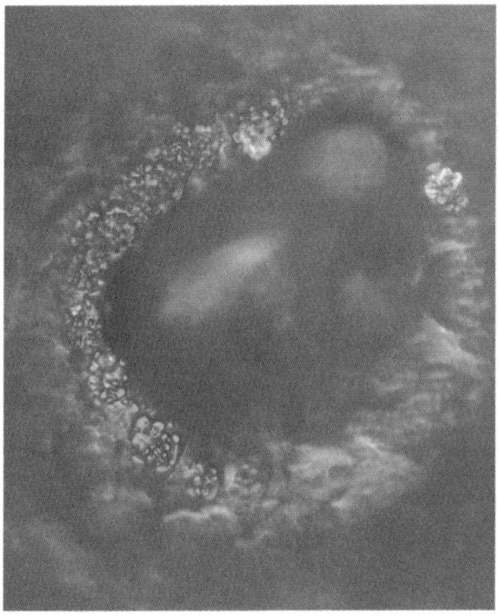

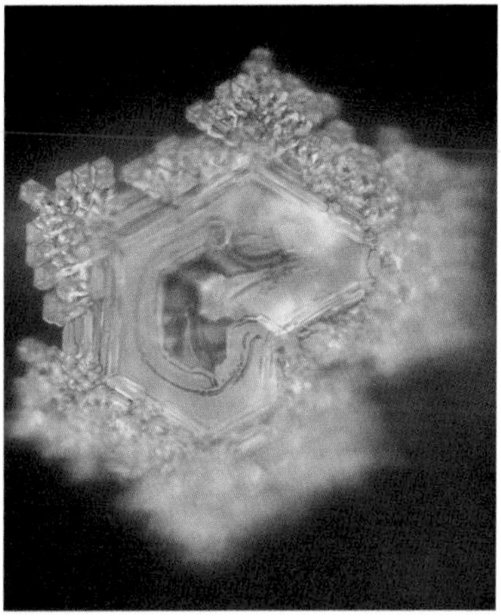

【電腦】

結果右邊看過「愛與感謝」的水結晶遠比左邊的蒸餾水美麗。
不過照這樣看起來，不管是電視或電腦，使用上還是要適可而止。

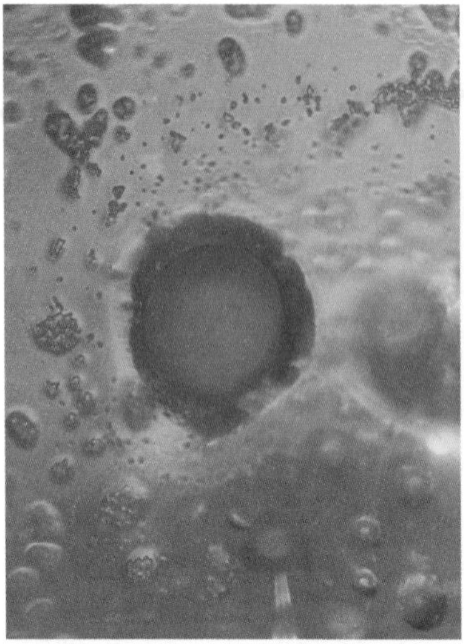

【行動電話】

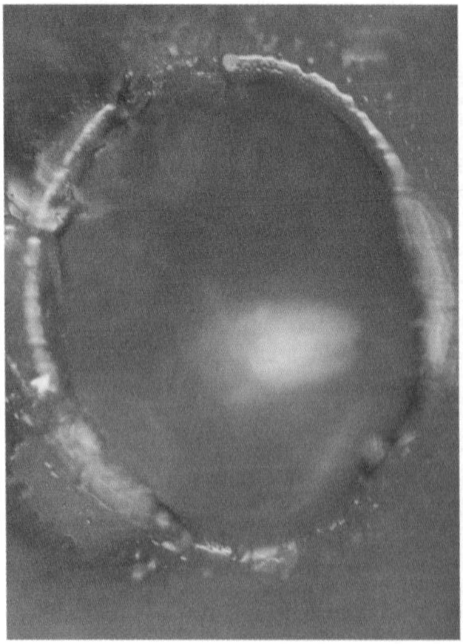

【微波爐】

微波爐加熱過的水結晶類似看過「惡魔」字樣的水結晶，形狀最糟糕。
行動電話對身體也可能不太好。

【看到好節目的水結晶】

那是一個探討生命奧祕的電視節目。結晶非常美麗，
不知道電磁波是不是也會因為資訊的內容而減輕危險性。

不可思議的結晶

這是祈禱前後的湖水、看到天照大神聖名、靈異照片，以及地震前後的地下水。

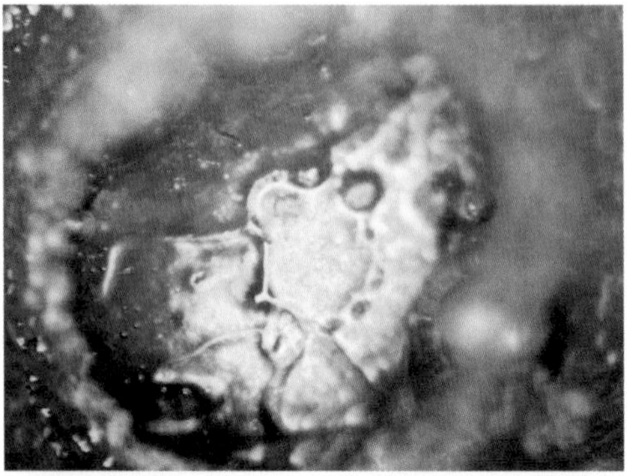

【祈禱前後的湖水】

對著湖水進行祈禱之後，原本類似人類扭曲表情的水結晶體，變成了佛光普照的大日如來形象。

【看「天照大神」文字的水結晶】

既如明鏡，又如日輪。美麗之外，還帶著莊嚴與神聖。

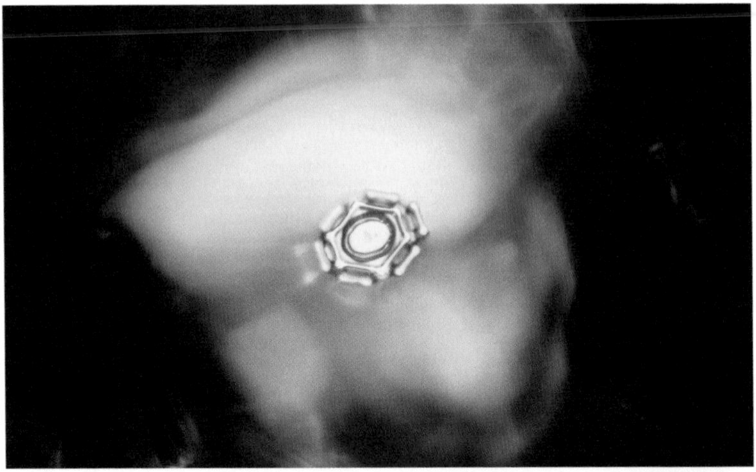

【看靈異照片後的結晶】

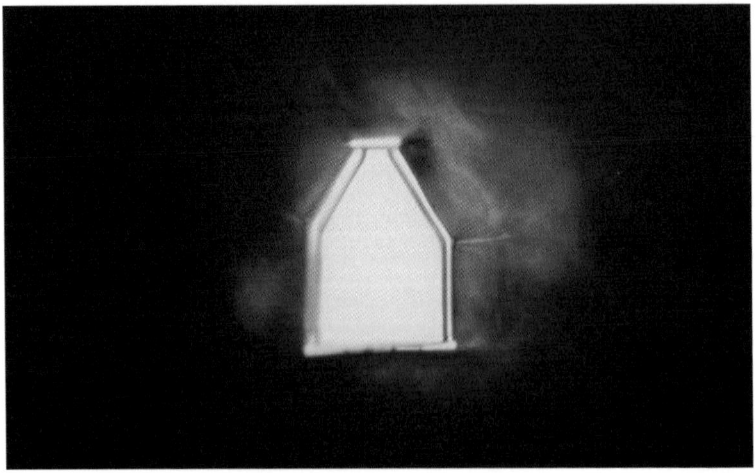

【幣立神宮東御手洗的水】

靈異照片呈現飛碟的形狀。
而相傳是日本最古老神社的水，則出現該神社的紙幣的形狀。

【海豚照片的水結晶】

海豚的智慧在世界上與人類等同，或者更高於人類，而具有治癒人心的效果。
這個水結晶呈現出海豚身為海洋貴公子的形象，頗有安撫人心的療效。

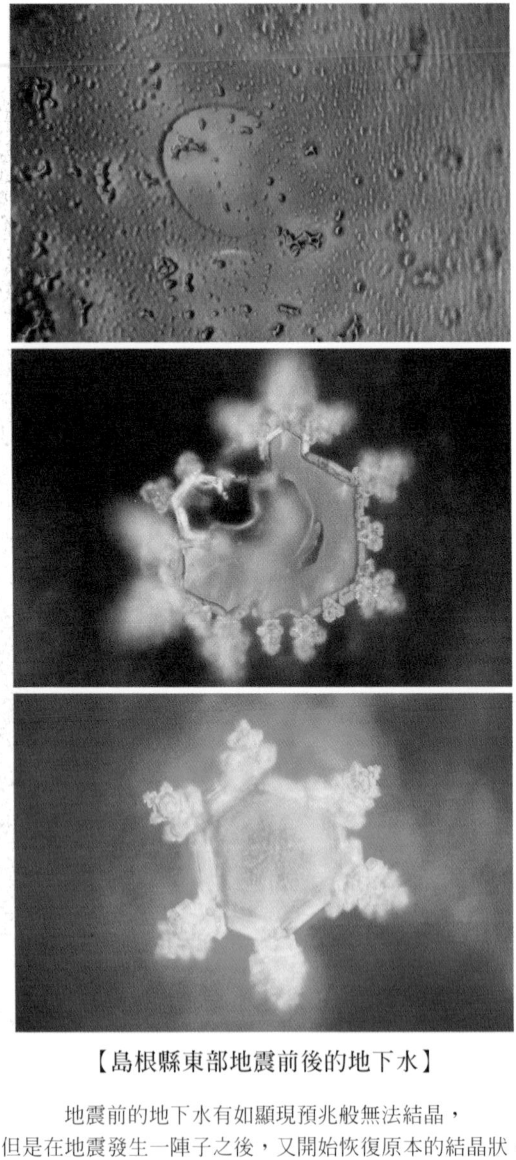

【島根縣東部地震前後的地下水】

地震前的地下水有如顯現預兆般無法結晶，
但是在地震發生一陣子之後，又開始恢復原本的結晶狀。

萬物肉眼可見，振動卻看不見，不過以下的情境或許大家都有經驗。

某人跟朋友在房間裡愉快的聊天，忽然有另一位朋友來訪。當這個朋友打開門時，原本房間裡花團錦簇般的明朗氣氛忽然急轉直下，空氣似乎完全凝結，整個房間籠罩在黑暗憂鬱之中。

仔細一看，原來這個朋友面容憔悴，時運不濟似的垂頭喪氣，一副活得很累的樣子。這個人到底發生了什麼事？失戀？工作不順利？或者有什麼人生的煩惱？

這一點，就任由各位想像了。問題的重點在於，當他打開門的那一剎那，空氣頓時凝結。

人也在振動。每個人都有各自的振動頻率，同時也都有感受振動的接收器。人生充滿悲哀的人，便發出悲哀的頻率；對於周遭所有事物歡喜以對的人，發出的就是光明共振。愛人者發出愛的波動，行惡者則發出黑暗邪惡的波動。

這不僅限於人，同理也可印證在某些事物或場所。比如說有些地方特別容易發生車禍，或者有些地方特別招福，做生意穩賺不賠。講到這裡，我不禁想起經常耳聞有些寶石會陷主人於不幸。

不只是東西，這個世界上所有的現象都有固定的頻率。大氣能量的變化會引起雷電或颱風。雖然強烈的能量會爲我們帶來災害，但換個角度想，這也未必是件壞事。想想，雷擊或颱風等強大的力量，如果能將地上累積的負面能量一掃而空，倒未必不是件值得感謝的事。

從這個想法出發，便不難理解人們爲什麼自古以來便熱愛祭典。眾人集結起來，穿戴華麗，又唱又跳的共振一股愉快而開朗的波動，使得原來凝滯的負面能量因此灰飛煙滅。

萬物都有振動，並且具備其固有的頻率。了解這層道理，相信除了能更加深入理解世界，也更能面對過去未曾察覺的事物，或是壓抑在意識底層的意念，經由新的發現與感動，爲人生添加新色彩。

水是傾聽的高手

既然萬物都會振動，相對的也必有聲音。

不過我們未必能聽得見所有聲音。雖然少數人擁有聽見樹或花草對話的能力，但是大多數人的耳朵卻聽不見植物所發出來的聲音。因此或許比較妥當的說法是，萬物各自擁有的頻率，置換爲各自不同的聲音。

我們的耳朵所能聽見的，大約是十五到兩萬千赫的聲音。所謂千赫，就是一秒鐘振動幾次的頻率。只聽得見這個範圍內的聲音其實是好的，因爲如果聽得見所有的聲音，夜裡大概會很難入睡吧。

自然界的架構眞的非常巧妙。有聲音，就有傾聽的高手，那就是水。

聽到音樂，水結晶爲什麼會有變化？還有，爲什麼聽到聲音或是看到文字，水結晶會呈現不同的面貌？一切都來自於振動。因爲水對萬物所具有的頻率非常敏感，會產生直接轉印的動作。

任何人都能夠輕易了解音樂或語言是一種振動。音樂是一種享受頻率振動的形式，連佛教儀式的誦經，都透過開口發聲，而產生一種帶有治療效果的固定振動。

那麼，我們又該如何解釋水閱讀文字之後所產生的結晶變化呢？寫在紙上的文字本身就有字形所發出的固定振動，因此水可以感受到文字所具有的固定振動頻率。

水忠實反映世界上所有的振動頻率，從而變成我們肉眼可見的形狀。看到文字，水會將它視爲振動，具體表現出它的意象。文字，可以說就是表現語言的視覺性發音記號。

話說回來，語言到底是什麼？《聖經》記載，在宇宙創造萬物之前，就已經有「語言」。

我認爲不是人類創造語言，反而也許是人類從大自然中學習語言。

遠古時代，當人類還生活在大自然之中，或許人類爲了保護自己而傾聽自然發出的種種振動或聲音，以確認危險是否逼近，感覺靠近身邊的東西是否安全。

輕拂而過的風聲、潺潺的水聲，以及動物漫步草叢中的腳步聲……人類或許就是如此辨別所有的聲音，同時用嘴唇和聲帶相互傳達訊息。可以想見，人類最初可能只使用兩三個最簡單的單字，但隨著文明的發達，累積諸多經驗之後，詞彙便也逐漸增加。

那麼，語言又爲什麼會隨著國家、地域不同而有差異？關於這一點，同樣可用語言源於大自然的論調來說明。

居住的地方不同，自然環境當然有差異。地域相異，自然發出的聲音也不同。灼熱的沙漠、氣候多變的歐洲、悶熱的亞洲島嶼，各自在自然中發出迥異的聲音。

日本四季分明，於是擁有相當豐富的聲音。也因此，日語表達大自然振動的語言便相當豐富，比如說擬態語「源源活水」「綿綿細雨」「滴答水珠」等。

愛與感謝的美麗結晶

不管是日、英、德任何國家的語言，水在接觸過這些語言的「謝謝」二字之後，都呈現出整齊而美麗的結晶。相對的，不管是哪個國家的語言，只要是辱罵和具有攻擊性的「混蛋」等字眼，水都變得零散無法結晶，而且樣貌零碎。

《聖經》中巴別塔的故事中提到太古時代，人類使用的是同一種語言。這或許也說明了，即便土地或自然環境不同，大自然的基本定律還是不變的。

拍攝結晶時之所以會呈現均等的六角形，我想是因爲這種水符合大自然的生命現象。對於人類無視於自然定律所創造出的成品或受到汙染的東西，水都不會產生結晶。

我試著拍過東京自來水的水結晶，結果竟呈現非常零碎的形狀。這是因爲日本的民生用水使用氯酸消毒，使得原本天然水的整齊結構受到破壞。

水在凍結時，水分子會整齊排列，形成串連的結晶格，這也就是我們所看到以六角形結構穩定成長之後呈現在我們眼前的水結晶。但是一旦其中加入了有違自然的成分，就無法形成美麗的六角形。

「謝謝」「愛」與「感謝」等，都是大自然的定律，也是生命現象的基本原理，因此水在面對這些文字時會呈現美麗的結晶。

相對於此，「混蛋」也許原本就不存在於大自然，而是人類衍生出來的不自然語言。斥責、傷害、輕蔑的語言，應該都是人類文明創始之後才發展出來的。

大自然應該只存在著「愛與感謝」的振動，只要看到自然的風景就一目了然：樹木花草彼此尊重，共存共榮。動物也一樣。獅子除了肚子餓之外，並不會無端攻擊咬食其他動物。大自然中既沒有在樹蔭下因陽光照射不均而抱怨的花草，也沒有企圖獨占食物的動物。

戀愛也是一種共鳴

一九八九年，美國的科學雜誌《*21st CENTURY*》刊載了華倫·哈瑪曼的論文。論文中提到，若將構成人類的有機物質頻率轉換爲聲音，大概相當於四十二個八度音（音組）。若眞是這樣，如果將最高頻率的標準訂在八長調的「DO」，則會高達五百七十兆千赫。一千赫表示一秒鐘振動一次，就是一秒鐘振動五百七十兆次。這麼說來，人類其實隱含著難以想像的超級能力。

四十二音組的確難以想像，但簡單的說，就是人類擁有各式各樣、多到令人吃驚的頻率。人體有如各種不同程度頻率聚積而成的一個宇宙，本身就演奏著大宇宙交響曲。

我在說明波動及頻率的時候，通常採取我獨創的「八度音理論」。

何謂「八度音理論」？非常簡單，就是森羅萬象中萬物所具備的頻率，可集約成「Do Re Mi Fa Sol Ra Si Do」八個音。

宇宙中存在著無限頻率高低不等的萬物，各位可想像鋼琴由低音到高音、漸次排列的鍵盤。敲打白鍵，就會出現這八個音之中的某一個。

其中，開始的Do跟結束的Do，頻率就差了兩倍。換言之，將兩倍的頻率區分爲七個音的就是「Do Re Mi Fa Sol Ra Si」。因此，重複這七個音，就可以表現極低到極高的音域。

將所有的頻率轉換爲聲音，會發生什麼狀況呢？

最重要的就是共鳴現象。同樣的頻率會產生同樣的共鳴，使用音叉來做實驗就很容易了解。音叉是一種敲打U字形金屬使其發聲的器具，通常用於樂器或合音的調音。

對著敲出四四〇千赫「La」音的音叉發出同樣四四〇千赫的「La」音，音叉就會發出「嗡～」的聲音。

這就是共鳴。具有同樣頻率的東西只要有一方發出聲音，另一方就會產生共鳴。所謂物以類聚，就是具有同樣頻率的東西相互吸引、互相反應的意思。

如果平常習於觀察，便可發現周遭任何地方都可以觀察到同樣的現象。

走在大街上的狗看到其他動物不會有什麼反應，但是如果對街也有一條狗，就會敏感得有所動作。另外還有一些狗會對救護車的警笛聲和豆腐攤的喇叭聲有所反應而高聲吠叫，這也算是一種共鳴。

反觀人際關係亦然。同樣波長的人會互相吸引而成爲親密摯友；不同類型的人，不管距離再怎麼近也毫不關心，不會彼此吸引。如果有一個你討厭的人意圖接近你，那其實代表你本身跟這個人在某些方面有共鳴。

日本武士道的最高境界是「不戰而勝」，換言之就是不和敵人產生共鳴。爭鬥獲得勝利，畢竟跟敵人還是有所共鳴，層次當然略遜一籌。

波動不同，彼此將無法產生共鳴而漸行漸遠，因爲我們無法接受與自己性質相異的東西。

同樣的頻率會產生共鳴，這就是共鳴的原理。

有趣的是，即使頻率不全然一致，只要頻率呈倍數，依舊可以產生共鳴。用鋼琴同時彈出四四〇千赫的「La」音和低八度的二二〇千赫「La」音，會產生非常悅耳的音樂。而對著音叉敲擊上下八度音，也會產生共鳴。

只要頻率呈兩倍、四倍、八倍，或是二分之一、四分之一的頻率，都可以產生共鳴，這個關係也將無限延伸。不管是相差多大的頻率，只要是倍數，就會產生共鳴。換言之，不管在什麼層次，都有共鳴的波動。

想想，人類會受到耶穌基督、釋迦牟尼佛等具有聖人高度波動的人吸引，但是相對的，對於那些無視於社會規範而活得奔放、極致，諸如大盜石川五右衛門之類的人，也同樣會感受到一絲魅力。

這絕不矛盾，人就是會跟各種不同等級的人事物產生共鳴。有句話說「清濁並飲」，也許這樣的生活方式對人類來說才最自然吧。

那麼，如果以波動原理來解釋「愛情」又如何呢？

愛情也是一種共鳴現象。假設以波動來說，自己的能力是十分，那就會與同樣擁有十分波動的對象共鳴，或者憧憬比自己稍多，波長大約十二分的對象。

我在想，在這種情況下墜入愛河，人類所具有的能力應該會發揮到最大極限。如果一個人擁有十分才華，但卻只發揮到五分，只要他跟擁有十分才華的人談戀愛，他的能力必能淋漓盡致的發揮到十分。如果對方的波動是十二分，相信他的能力必定也會隨之提高。

所以說人在談戀愛的時候，工作績效特別好。只要一談戀愛，不管是工作內容，或是周遭的環境，都會在不知不覺之間有所改變。不論年紀多大依然工作得非常起勁的人，也許無時無刻都在談戀愛吧。

當然，這裡所說的並不僅限於世俗一般所謂的戀愛，而是廣泛的含括了對人的崇拜及對人格的景仰。

戀愛會提高頻率，同時成爲琢磨人品的催化劑。所以各位，只要活著一天，就讓我們不斷戀愛吧。

你選擇怎樣的生活方式？

自然界諸多事物，大多只能發出固定的頻率。正如麻雀的叫聲千篇一律（雖然就麻雀本身而言，可能或多或少有所不同），貓狗的叫聲也沒太多的變化。

相對於此，只有人類可以自由的唱出「Do Re Mi Fa Sol Ra Si Do」八度音，還可以創造旋律。你不覺得這是件了不起的事情嗎？

唯有人類可以跟自然萬物產生共鳴。人類可以跟宇宙萬物對話，賦予能量也獲取能量。

但因想法不同，這也有如雙刃劍。如果人類的行動全基於欲望，就會將破壞自然和諧的能量散播到世界上。

地球之所以會髒亂至此，是因爲人類自工業革命以來，一味貪圖生活便利，追求奢華所致。這種人類意識創造出大量消費的社會生活形態，進而大大的威脅到地球環境。

現在，迎接新世紀的來臨，我認爲人類已走到必須轉換意識的關卡。既然人類可以跟任何波動產生共鳴，相信一定能架構起與自然共生、同時不再繼續汙染地球的意識。要對世界發出什麼樣的波動，要讓地球成爲什麼樣的星球，有賴於我們每一個人。

你選擇什麼樣的生活方式呢？只要心中充滿愛與感謝，值得愛與感謝的美妙事物便會不斷降臨，讓生活滿溢幸福健康。如果發出的是怨恨、不滿以及悲哀的波動又將如何呢？也許就會更加深陷仇恨之中，而墜落到悲哀的世界吧。

選擇什麼樣的世界，擁有什麼樣的人生，全繫於你一心之間。

第二章

水是不同空間的入口

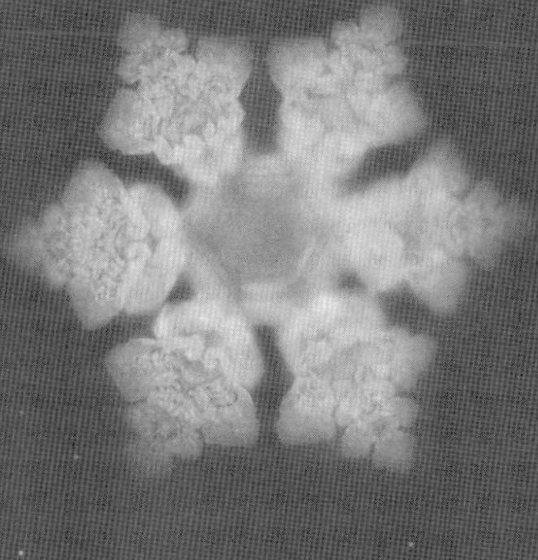

現在暫時先把書放下，倒杯水放在桌上看看。或是不付諸行動，光是想像也可以。你覺得杯子裡的水映照出什麼？

房間的情景、窗外的景色，還有你湊近的臉。水會映照出種種顏色、光線、形狀和風景。

現在，你已經知道水的祕密了。當你凝視水的時候，水也在凝視你。不僅如此，你心裡的所思所見，所有風景醞釀出的氣氛，一切的一切，水都會記憶起來。就讓我們多思考一下水的事情。

各位會不會因爲水跟我們距離太近，而很少想到「水」的問題呢？不管是飲用的水、洗臉或洗澡的盥洗用水，或是做菜的水，水在日常生活的各個層面都對我們照顧有加，但是我想眞正深入思考過「水」爲何物的人，一定相當有限。

其實，沒有比水更不可思議的物質了，而最不可思議的，就是冰浮於水這件事。一般來說，其他物質只要從液體變成固體，構成物質的分子或原子密度就會提高，相對的重量也會增加。但是水在結成冰的時候，結構上不僅分子呈規則整齊的排列，而且空隙頗多，可是一旦變成液體，水分子就會以十萬倍的速度激烈運動。由於運動愈激烈空隙愈小，空隙愈小密度就愈高，因此比起固體的冰，液體的水當然重得多。

水的比重在攝氏四度時最重。如果在充滿空隙的水分子結構中加入活潑的水分子，則剛好在攝氏四度的時候會增加重量。只要溫度再提高，分子就會因爲更加活潑而使密度再度變小。

因此即使外面天寒地凍，湖底的水溫也一定保持在攝氏四度，這對生活在水底的生物而言，不啻是一個非常容易生存的環境。

如果水不具備這種特性而跟其他物質一樣，也就是固體的冰會沉於液態的水，眞不知道這世界會是什麼樣子？也許人類便無法在這個地球上生存了。因爲只要氣溫下降至冰點，海底或湖面就會完全結凍，將所有生物逼上絕路。因此，拜冰浮於水之賜，即使海面或湖面覆蓋一層厚厚的冰，冰下的眾多生物還是得以延續生命。

另外，水還有溶化其他物質以便搬運的特質，這也非常特殊。

從淬取純水的難度，便可知水有多容易溶化其他物質。通常半導體或藥廠使用純度非常高的「超純水」，這種水只要放進塑膠等容器裡，馬上就會溶解出不純粹的物質，要保持純水的狀態可說是相當困難。相信大家也都知道，即便是看似清澈的地下水或小溪水，也都含有大量礦物質或其他不純粹物質。

也由於水的這種特質，使得大海不斷溶進生命所需的種種元素，從而形成「生命泉源」。現在地球上所有的生物，全都是由此誕生。

所以說，水正是創造生命的生命泉源。缺乏水，物質與物質便無法融合，也無法產生循環。水創造大氣，同時衍生秩序，創造出這個充滿生命的綠色地球。

自古以來人類便認定水有生命。在日本，一般也認爲湧泉之地是生命力旺盛之地，因此會在此建立神社，受到眾人的崇敬。眾所皆知，古代某些土地生產力特別高，有所謂「生產力之路」，諸如此類地域，通常地底下都有乾淨的水源流過。

水是孕育生命之母，也是生命的原動力。這都是拜水異於其他物質的特性所賜。在思考水不可思議的特質時，我總是無法認定水是地球的物質之一。

關於爲什麼地球上會有這麼多的水，目前一般的說明是大約在四十六億年前，地球剛形成時噴出的水蒸氣變成雨水，落到地上而累積成海洋。

太陽系剛誕生時，氣塊迴轉，中心產生紅色太陽，剩餘的塵埃及大氣則匯集成地球或其他星球。這時候，地球還只是燃燒的熔岩塊，其中包含著最原始的水，也就是氫。在熔岩冷卻變成岩塊的過程中，這些氫便轉爲水蒸氣噴出。

然而卻有大膽的學者試著提出反對意見。俄亥俄大學教授路易斯・法蘭克博士發表其說法，提出水原本並不存在於地球，地球之所以有水，乃是因爲宇宙飛來冰塊的緣故。

換言之，水來自宇宙。

法蘭克博士在人造衛星的錄影機上發現有幾個可疑的黑點後，著手調查所得到的結論是，這些黑點是落到地球的小彗星。

小彗星的廬山眞面目是約一百噸的球狀物，主要成分是水與冰。一分鐘二十個，一年大概有一千萬個這樣的小彗星飛到地球。而這些冰塊早在四十億年前便已經飛來地球，形成海洋，並持續到現在。

冰塊彗星受到地心引力的吸引落下，但因太陽熱能蒸發而轉爲氣塊。在降落到地上約五十五公里的時候，便與大氣層的空氣混合，隨著風變成冰粒落下，更進一步化成雨水落到大地。

數年前，美國太空總署（ＮＡＳＡ）與夏威夷大學肯定法蘭克博士的說法可信度極高，而透過媒體大幅報導。但世界上大部分的學者，卻還是頑強的不肯承認這個事實。

也許是因爲如果公開承認這個說法，全球圖書館的許多藏書就必須改寫。從人類起源的進化論，以及其他有關地球與生命歷史相關的學說，都必須重新翻案。

眾所皆知，沒有水，生命就無法誕生。如果生命泉源的水來自宇宙，那麼包括人類在內的所有生命，都將成爲外太空生物。

不過，水來自地球以外的說法，的確較能解釋水所具有的幾個不可思議的特質。

何以冰能浮於水？水又怎麼具有如此容易溶解物質的特性？拿條毛巾，將一角放進水中，水爲什麼又會反重力的向上吸？水的種種不可思議現象，只要從水原本就不屬於這個地球的觀點來解釋，便可以輕易說得通。

水來自宇宙——這種有違常理的論調，也許有些令人難以置信，不過卻也深具魅力而令人興奮。水在結束宇宙的漫長旅程後，接著在地球上開始小小的旅行。

飛來地球的大冰塊，先化爲雲，最後變成降到地上的雨水。雨水洗淨山巒，滲入土壤之中飽吸豐富的礦物質之後變成地下水，進而變成湧泉出現在地面上形成河川。從河川流入大海的水，經過太陽熱能蒸發之後又回到大氣之中，形成雲層再度降雨到地上。

在這之間，水透過循環地球上種種礦物質孕育生命。大氣中的二氧化碳融入海水中促進光合作用，並創造大海中平衡感相當微妙的生態。

在海中，生命誕生。據說在距今三十八億年前，生物進化完成，行光合作用的藻類生成，釋放出地球上最初的氧氣。氧氣透過飽含太陽光的紫外線創造出環繞地球的生命面紗，也就是臭氧層。

據稱，生命在四億兩千萬年前開始登陸。拜氧氣及臭氧層形成之賜，生命從長久以來的海中生活解放，察覺新的生活方式。

人類的始祖，也就是原始人約於兩百萬年前在非洲誕生。如果將地球四十六億年的歷史換算爲一年，則人類大約是在除夕晚上八點過後才終於呱呱落地。而臭氧層及氧氣的形成，正造就了適合人類生存的環境。

由此可知，孕育地球生命的是水，而且水溶化物質，從山上到海川源源不絕的輸送生命能量，這種角色，全都有賴水的特殊性質而得以成就。

而這一連串壯闊的開展，難道眞的純屬偶然嗎？每每想到始於遙遠太古的這段歷史，便不由得覺得水創生地球，引導進化，架構完整的生態系統，一定有其偉大意義。

筑波大學名譽教授村上和雄，因解讀人類體內稱之爲「腎素」（renin）的酵素遺傳基因密碼而聞名世界。他曾說，愈是解讀遺傳基因的訊息，愈無法不承認，是某種特定的存在，在如此細微的空間裡刻畫了這麼縝密的資訊。村上教授滿懷敬意，將這個偉大的存在稱之爲「something great」。

環繞水成就的壯闊史詩，感覺上如果不提到「something great」便言之不盡。生命，便是這樣沿著偉大宇宙意志所描繪的藍圖不斷開展。

來自宇宙的水又帶著什麼樣的訊息降臨地球呢？或許其中刻畫著即將要在宇宙開展的生命程式吧，那正是生命的實態。

從天而降的雨水經過幾十年、幾百年的歲月滲入土地而成爲地下水。瑞士研究河水長達三十年的原蘇黎世工科大學教授瓊安．戴維斯，將這樣的水稱之爲「wise water」，也就是「智慧之水」。相對於此，剛落下的雨水，則以「稚嫩之水」來表現。

天上降下的雨水在經過土壤向下滲透的過程中，會獲得許多礦物質的訊息，而成爲「聰明」之水。

瓊安·戴維斯教授擔任大學教授三十年，退休之後仍獨自研究不懈，是位非常優秀的女性。我在這場以「水」爲主題的瑞士研討會中發表論文，會中瓊安教授也發表了非常卓越的研究成果。

瓊安教授現正在研究水資源處理問題。目前世界各國一般使用長管供水，通過現有供水系統的水，就結構而言對人體並不好。高壓處理再經由直管輸送，水分子的結合體會受到破壞，而排出水中原本富含的礦物質。

如何將好水提供給更多人？該怎麼做才能建立窮人也能使用的簡易供水系統？都是瓊安教授不斷研究的主題。

比如瓊安教授提出使用水晶的方法。在水中放進小水晶，便能長久保有水中的礦物質，如果用這種水灌溉植物，植物的生長狀況也會非常良好。另外，使用磁鐵，或是在水龍頭出水口部分加裝可使水呈圓形旋轉的裝置等處理方法，都是瓊安博士的研究之一。看來，瓊安博士的主題似乎是如何發揮天然水的好處。

對於水結晶的研究，瓊安博士說：

「我聽很多人提到水結晶的研究，相信這個研究帶來很大的啓發。其一是對水應該心懷更多敬意。其二便是，這個實驗告訴我們，水會對非常纖細敏感的物質起反應，因此我們可以更進一步的透過水結晶，告訴科學家或有關單位，水資源並未受到適當保護。

「另外在健康或醫療的領域，這項技術應該也能有所發揮。過去我們並不太重視水的物理性質。比如說大家都認爲富含礦物質的水是好水，但卻未曾清楚說明礦泉水裡的礦物質會造成動脈硬化。還有，加入碳酸氣的礦泉水，由於碳酸的酸性非常強烈，因此對身體並不好。不管怎麼樣，人要小心的不是天然流動的水，而是裝在瓶子裡的水，因爲水有流動的欲望。」

瓊安教授還說：

「不論如何，最重要的是找回敬水之心。身處近代文明，我們對水的敬意微乎其微。反觀古希臘時代，人們對水尊敬有加，爲了守護水源，還產生了許多神話故事。曾幾何時，科學誕生，神話以非科學爲由被拒於堂奧之外。於是，水被視爲單純的物質，認定只要以科技淨化即可。但淨化的水不同於清澈的水，通過科學設備的水，不同於呈現美麗水結晶的水。水需要的不是淨化，而是尊敬。」

若非長年與水相交，恐怕說不出這一席話吧。如瓊安博士般研究成果備受肯定的學者，能對水滿懷敬意，並對我的水結晶研究表示興趣，眞是讓我備受鼓勵。

瓊安博士最後給我這樣的建言：

「如果可以確立水結晶研究的物理性，必定能成爲相當具有說服力的研究成果，屆時即可大聲昭告全世界，正如瑞士在『水』的相關研究上受到世界高度肯定一般。」

我剛好正在構思以瑞士爲據點，架構一個以研究水爲主，更進一步進行文化性研究的中心，得瓊安博士此一建言，讓我信心倍增。

水能記憶資訊，並透過在地球上循環來傳達訊息。由此可想見，來自宇宙的水含有多少生命的資訊。而解讀水訊息目前唯一的方法，便是觀察水結晶。

目睹水呈現的諸多美麗水結晶，我感覺彷彿看到生命的形象。「謝謝」所呈現的水結晶端正美麗；「愛與感謝」反映的則是莊嚴的光芒。這些都是水賦予生命、綻放生命光輝的靈魂形態。

更進一步，我們目睹水結晶這件事，可以說就是在創造生命。水會因為我們的凝視，而一刻一刻變化表情。視線就是動力，投諸善意的視線，等於賦予勇氣，而敵意或惡意的視線，則會奪走動能。

小學生的米飯實驗

過去我曾經負責一本雜誌，請讀者幫我做這樣一個實驗。在兩個瓶子裡裝飯，每天對一個瓶子不斷的說「謝謝」，另外一個瓶子則不斷的罵「混蛋」，歷時一個月，觀察飯會產生什麼變化。於是，小學生們便展開每天放學回家就對著瓶子裡的飯講話的日子。

一個月後，「謝謝」瓶子裡的飯產生發酵狀態，散發有如麴似的芳醇香味；相對的，「混蛋」瓶子的飯，則腐臭變黑。我在水結晶攝影集裡介紹了這個實驗，結果全國數百個家庭也做了同樣的實驗。每一家都出現同樣的結果，不過其中有一家嘗試了比較不同的實驗。

這個家庭在「謝謝」和「混蛋」之外，另裝了一個瓶子的飯，既不貼標籤，也不與之對話，總之就是置之不理。結果如何呢？這個置之不理的瓶子裡的飯，比「混蛋」瓶子裡的飯更先腐壞。這個實驗經過他人重複，也都得到同樣的結果。也就是說，置之不理比遭到鄙視傷害更大。

這個實驗給了我們很大的啓發。對孩子，盡量多關愛、多對話吧。正在懷孕的婦女就請多留意腹中的胎兒，多多溫柔的跟他說說話。

放在房間的觀葉植物也一樣，如果能多注意到植物的美麗，同時多讚美幾句，相信它會更加茂盛美麗。對寵物或昆蟲，也要記得多和牠們對話。

我希望這本書能使更多人關心水，對水心懷善意，這麼一來，水一定會呈現更美的結晶在我們眼前。這時，即便微小，你也已經創造了一個美麗世界。

相信上帝一定非常期待。上帝賦予人們與自己相同的創造力，並讓人們有使用的自由，此刻，上帝一定正以溫柔的眼神守護著我們。

生命記憶乘著冰塊來自宇宙，記憶衍生生命，從而誕生人類，創造我們，而我們再面對水，爲水注入生命。你的意識、視線、善心、愛的微笑……種種都會在水中注入新生命，從而不斷創造新宇宙。

第三章

意識創造一切

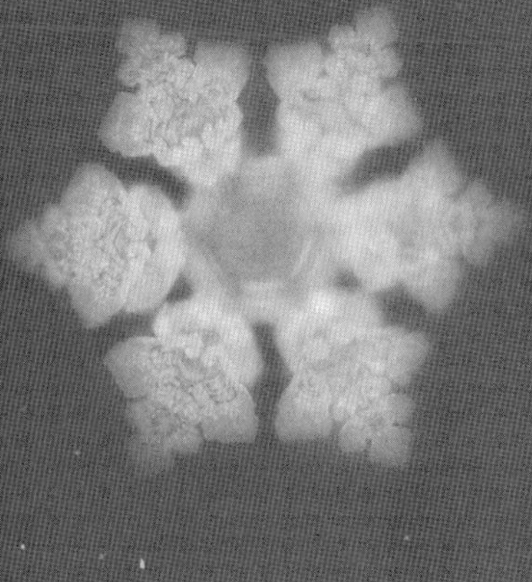

受到水不可思議的魅力吸引之後，我不斷反覆進行許多與水相關的實驗，同時也有幸接觸到世界上各種不同的水，看到它們各自呈現充滿個性的美麗面貌。

另一方面，全球水汙染問題的現狀，也毫不留情的暴露在我眼前。世界衛生組織（WHO）預言，若二十世紀的戰爭始於石油爭奪戰，那麼二十一世紀的戰爭可能肇因於爭奪乾淨的水。

前面提過，由於氯處理的關係，日本所有城市的自來水都不會有美麗的結晶體。二十世紀初始於倫敦用氯消毒自來水的方法，在日本已持續了五十年。

相較於自來水，湧泉或河川上游的天然水，就呈現相當美麗的結晶。然而這些水都是五十多年前降下的雨水，變成地下水後再流出地面。五十多年前，日本已正式進入工業化。

可以想見，雨水汙染已是全世界普遍的問題。在戴奧辛汙染嚴重的日本城市進行雨水採樣，結果發現這些水不要說結晶，呈現的樣貌簡直慘不忍睹。由此可知，工業汙染不僅持續汙染循環中的水，還不停散播地球上的有害物質。

不過，幸好還有救。隨著人們環保意識的提高，水也逐年恢復美麗的結晶。

追根究柢，汙染也是人類意識的產物，今天世界之所以會有環保問題，全都是出於人類只要自己富裕方便就好的自私心態。

透過水結晶，我們知道水是心靈明鏡，同時似乎也在指引人類未來的方向。人類未來將何去何從？我們又該扮演什麼樣的角色來捍衛地球？想到這些問題，我便不禁浮現一些想法。

首先，我們必須正視人性美好的本質與卓越的能力，停止讓自己再扮演壞人。或許我們一直低估了自己的能力，人類其實擁有更強大的力量。

目前已獲確認的物質元素，據說有一百零八到一百一十種之多，我猜想是一百零八種左右，不過在自然界中，恐怕只有人類同時擁有這些元素吧。

構成人類的元素，目前已知的大概有九十多種，但人體內可能還存有未經發掘的元素，或是當人體再進化，就會產生這些元素，使人類的構造更加完整。

愈是高等生物，體內的元素就愈多，且會與日俱增。比如說，相較於人類，植物的元素就相當少。元素少又會怎麼樣呢？比如說其他動物可能會有「痛」的感覺，但只有人類或與人類相近的動物才能感受到悲傷或感動等更高層次的情感。

如果說人類是宇宙的縮影，那麼認爲人類擁有宇宙所有的元素似乎是很自然的。

佛教提到人有一百零八種煩惱。所謂煩惱，是我們生而爲人的迷惘、執著、嫉妒、虛榮等心態，而煩惱也衍生出人生的痛苦。我認爲，這一百零八種煩惱豈不就對應了人體內的一百零八種元素？

我率先在日本介紹的波動測定器，就切實無誤的證明了這件事。所謂波動測定器，是測定物質各自固有的振動，進而將之轉寫到水或其他物質上的機器。

我使用這部機器測定了許多人的波動，並得知人消極的情感波動正對應了各種不同元素的波動。

比如說焦躁的波動跟水銀的波動一致；憤怒對應鉛；悲傷或寂寞與鋁的波動幾乎相同。同樣的，擔心與不安對應鎘；迷惘對應鐵；人際關係對應亞鉛等等，相互都有所連結。

近年終於有人提出，使用鋁製的鍋子或餐具可能導致老人癡呆。但其實這是因爲鋁的波動與悲傷、寂寞的波動幾乎一致，因此我推測應該是老人寂寞或悲傷的情感會引發出鋁元素，進而導致老人癡呆症。

前面介紹的瑞士傑出水質研究學者瓊安·戴維斯教授，曾說過一段發人深省的話：

「有個物理學家做了一個實驗，分析太陽系行星的位置會對水產生什麼影響。他將幾種不同的礦物質放在水中，觀測當行星走到特定位置時，水如何沾附到吸水紙上。

結果發現，當土星強烈影響地球的時候，鉛會有反應。只有溶解了鉛的水會爬上吸水紙，而溶入銅、鐵、銀等其他物質的水都沒有動靜。

從這個結果可以推測，土星似乎與鉛息息相關。金屬會跟人類的情感或氣氛共鳴，從這個角度來看，土星絕對與憤怒的動能息息相關。

占星學常提到的各種行星的性格，很可能是和金屬產生的連動關係。」

這番話與我所主張一百零八種煩惱對應一百零八種元素的論點有諸多相關之處，著實令人深感興趣。太陽系的行星數有九，乘以十二剛好是一百零八。若由周期表換算，也許就能知道什麼行星對應什麼元素了。

正好在我完成這篇文章的時候，一個電視節目提到，所有的元素都來自於宇宙遙遠星球爆炸時的超高溫，這也是非常引人深思的有趣話題。

積極的心態會提高免疫力，從而加速治癒疾病

人只要活著一天，便無法自一百零八種煩惱中掙脫，該如何和源源不絕的負面情感相處，正是活出充實人生的訣竅。

那麼，該如何面對心中憤怒、悲傷，或是怨恨的情緒呢？

首先我們必須了解，人不必去否認我們所具備的任何情感。人的消極情感與生俱來，不管是什麼樣的人，都帶著遠古人類誕生以來我們祖先的記憶來到這個世界，其中當然包含消極的情感。

但是話說回來，受困在消磨身心的負面情感裡的確不好受。不管是不是暫時的，到底要如何化解這樣的情感呢？就波動法則來看，答案一目了然，只要發出跟負面情感相對的波動就可以了。透過兩個波動的合成，消極的負面情感就會消失。

數年前，日本某大學的研究所發明「以音消音法」，針對噪音發出抵制的聲音，而成功的發展出讓電話機旁保持安靜的方法。調查聲音所具有的波形，並透過音響放出逆向波形的聲音，就能完全消除某些地方的雜音。這項技術目

前也已實際運用在消除汽車的引擎聲上。

人的情感也一樣。相對於負面的消極情感，人有積極正面的情感。以下對應的兩種情感，就擁有同樣完全相反的波形。

怨恨——感謝
憤怒——溫柔
恐懼——勇氣
不安——安心
焦躁——沉著
壓力——平常心

相反的兩種情感具有同樣波形，正說明了兩層意義：一是每個人都跟傑奇博士和海德先生一樣，有兩種不同的面貌（編注：小說《化身博士》中個性迥異的兩個主角）。

大家應該都知道，愈是性急的人，情感愈脆弱吧。我們可能隔一陣子就會聽說，眾人眼中的大好人，忽然有一天鋌而走險犯了罪。報章上也常出現，交往時非常溫柔的男性，一旦女方提出分手，便怒氣沖沖的不斷打電話騷擾，最後甚至演變爲跟蹤狂的事件。

世界上既沒有人格完美無缺的大善人，也沒有壞到骨子裡的壞胚子。同時具備這兩者，或許才是人的眞實面貌。

因此，當我們受困於某種負面情感時，便可藉由相對的情感使之消除，例如因怨恨而生病的人，可藉由尋回感謝的心治癒身體。

不過，心中充滿怨恨的人，實在很難馬上找回感謝的心。這時，「代行感謝者」就可透過各種方法治癒人心、提供協助。所謂代行感謝者，就像字面意思顯示的，是代替你去感恩的人。

例如法國有名的許願泉，以泉水可治病而舉世聞名，這不也是因爲水裡充滿了對聖母瑪麗亞的感謝嗎？拜此之賜，因怨恨波動而患病的人，只要喝下這裡的水就會奇蹟似的痊癒。

同類療法的原理也一樣。爲什麼理論上只要將物質稀釋到物質分子幾乎不存在的程度，就能將原本具有毒性的物質轉變成具有療效的藥物呢？這是因爲只要物質不復存在，相對的只留下波動的訊息，不管是毒是藥，其實也都同出一源。

藥物這種東西，原本就未必對身體好。當然，它可以消除病痛的症狀，但相對的，藥物也是一種劇毒。

像鎮痛劑，其實波形剛好與疼痛的波動相反，只要混合幾種物質，產生那樣的波形，然後將這些物質注射到老鼠身上進行活體實驗，如果結果可行，便可讓人類服用。

這些藥物進入體內止痛，組合成的波形也隨之消失，這些物質便會恢復之前物質的原貌。這時，各種不同的物質又會擁有不同波形，只要這些波形足以破壞其他細胞，就會產生副作用。

藥物的確可以有效對症治療，但藥物何以具備療效，卻還沒有明確答案。

而從波動的觀點來看，醫療看起來簡直就像是另一個世界。

外科手術嘗試利用強烈的波動治療遭到破壞的細胞，通常需要用到這樣的手術，不外乎是在臟器或細胞嚴重受損的狀態，比如說從高樓上墜落地面的瞬間，身體的頻率會急速的變化爲原來的幾百倍，這是極爲嚴重的狀況。

急速的波動變化使人感到劇痛，有時還會因此喪命。在這樣的狀況下，也只有透過強烈頻率的療法才能治癒。

於是，便會進行開刀手術。銳利的刀，因爲形狀的緣故，本身就具有高度的振動數。而手術，就是透過具備高度振動數的器具，嘗試讓紊亂波動恢復正常。

我認爲醫治人體的醫生，同時也必須是哲學家。過去，治療人體的是巫師或和尚，這些人應該是引導患者的生活起居符合自然常理，從而喚起體內自然治癒的能力。

如果醫學能在身體不健康的部分之外，更進一步掌握人的意識，也許有一天就可以不再需要醫生及醫院了。

生病的人只要跟街頭的哲學家諮商人生的錯誤及挫折，便可寬心並導正生活，也許未來的醫生將轉型爲人生顧問。

我從許多健康諮詢的經驗中發現，疾病其實來自於負面情感。只要構成病因的情感因素消失，任何人都可以恢復健康。所以說，努力保持積極、正面的心態其實相當重要。

目前醫學也已不斷證明，積極的心態會提高免疫力，從而加速治癒疾病。

甚至有醫生讓癌症患者透過登山活動體會生命的意義，從而提高其免疫力。

另外，提倡醫療不僅要對症下藥，同時還得多方照顧患者心靈或生活形態的「全人醫療」（Holistic Health Care），也有增加的趨勢。日本就設有推行全人醫療的協會。

篤信眼見爲憑的時代已經過去，高度關心心靈重要性的人不斷增加，我個人認爲這是一個好的趨勢。時代確實朝這個方向邁進，也許在這個世紀，這樣的思考將成爲主流。

人類的肉體是水，而意識即靈魂。保持水的清澈流暢，不僅是最上乘的保健法，同時也能讓靈魂保持清明。試著讓你的身體充滿美麗的結晶吧！這一切，全取決於你的心。

感謝的影響力，是愛的兩倍

愛是勝過一切的靈藥。發現這件事之後，我不斷倡導「愛就是免疫力」的觀念。愛會戰勝一切負面的情感，是恢復身體活力的最佳戰友。

不過，一路行來，我不得不在這裡做些修正。因為我又發現，免疫力不僅限於愛，而應該是「愛與感謝」。這一點，從下面這個實驗也可獲得證實。

為了觀察電磁波會產生多麼不良的影響，因此我在微波爐裡放水加熱，然後拍下水結晶照片。我挑了蒸餾水與「愛與感謝」的水做比較，蒸餾水經過微波後結晶幾乎全部破壞，但是「愛與感謝」的水卻仍然產生了結晶。可想而知，「愛與感謝」這句話的波動，可能足以產生抵抗電磁波負面波動的免疫機能。

前面提過，面對「愛與感謝」，水呈現美麗異常的結晶。當然，光是「愛」就能產生美麗的結晶，但是「愛與感謝」卻呈現更為悠遠的氣質，綻放有如鑽石般絢爛的光輝。

比起「愛」的結晶，「愛與感謝」的結晶較接近「感謝」的形狀。換句話說，就是「感謝」的波動更有力，影響力更強。

說起愛，它通常是積極、活躍的一種能量。無條件給予發自內心的慈悲，便是愛。

相對的，感謝是被動的能量。感謝他人的施予，感謝現在的生命。如尾崎放哉的俳句所說：「沒有容器，以雙手領受。」以雙手誠心領受，不正是感謝嗎？

愛與感謝猶如陰與陽。愛是太陽，感謝是月亮；愛是男性，感謝是女性。

那麼，爲什麼陰性的感謝能量會強過活躍主動的愛呢？

我一直苦思不解，直到一個想法突然浮現腦海，這個想法對於人類該如何生活也有非常大的啓發。

愛與感謝究竟存在著什麼樣的關係呢？在這裡我用水來說明詮釋。

水分子由兩個氫原子（H）和一個氧原子（O）配成一組結合而成。H_2O就是水分子記號。如果感謝與愛也跟水一樣是以二比一的比例構成，那麼從影響力大小來看，很清楚的是感謝爲二、愛爲一。也就是說，感謝比愛要大兩倍。

兩份感謝加上一份愛，這不就是人類本來的生活方式嗎？

我在某一個發表會上提到這件事，會後兩位年輕女性走過來對我說：

「您的一席話眞是太令人感動了。不知道這可不可以解釋成正如我們只有一張嘴跟人講話，但是爲了傾聽，卻有兩隻耳朵。」

我聽了也覺得有理，便當場回答：「沒錯！的確是這樣。」她們眞是爲我上了非常好的一課。

放眼自然界，被動能量的運作似乎較強。比如說海裡的魚通常大量產卵，但卻未必能全部孵化。實際上能孵化成幼魚的僅有少數幾成，其他大部分的卵，全奉獻給其他魚類當食物了。

但過去人類生活裡的感謝與愛，是不是二比一呢？我覺得人類似乎與這樣的法則背道而馳。

的確，自古以來人類便不斷歌頌愛的美好，對於愛所散發出的強大力量，人們也心知肚明。然而，正因為目光的焦點都集中在愛的能量上，以致發展出一味強調主動、積極的文明。

過去我們忽略肉眼無法看見的事物，蒙蔽於清楚且垂手可得的物質。為了得到更豐富的物質生活，人類砍伐森林、與沙漠奮戰，從而建構文明。

的確，這些行為必定都出自於愛，為了心愛的人，所愛的祖國……然而，只要持續這樣的生活，爭鬥永無停歇。二十世紀人類一路行來的歷史，充其量不過就是連續的爭鬥。

事到如今，這樣的生活方式再也行不通了。我們為了富裕的生活，不斷犧牲許多事物。森林遭到破壞、乾淨的水源不斷枯竭，甚至連土地都要分割出售。

未來需要的是「感恩的心」，這必須從「知足」做起。我們要感謝自己能生活在這個受到豐富大自然眷顧的地球，也要感謝孕育我們的水，以及能夠呼吸滿腔新鮮空氣，又是多麼美好的一件事啊。

張開眼睛，你會發現世界上充滿著值得感謝的人事物。

如果眞的心存感謝，充滿在體內的水便會清澈明淨，而你，就將化身爲光輝燦爛的水結晶。

第四章

世界是否瞬息萬變

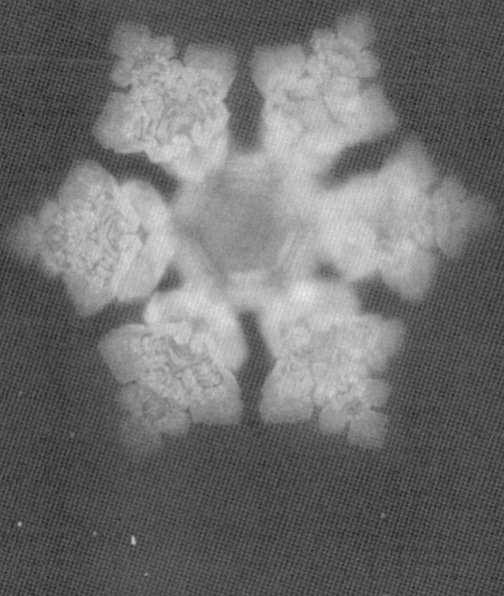

各位，你知道取得好水的方法嗎？或者，你知道好水在什麼地方嗎？是阿爾卑斯山麓？北極、南極的冰？或是最近在市面上常見到許多標榜「好水」的瓶裝水？

不論你的答案如何，這些都沒有觸及問題的本質。不管多麼好的天然水，如果你的心不善，這些水也好不起來。

你的心是否澄澈透明？你有沒有工作上的困擾？在家中有沒有什麼事讓你隱忍難言？如果心存疙瘩，不管多麼甘甜的水，喝起來依然淡而無味。

運動後滿身大汗時喝的水，即便是沒什麼特別的白開水，都非常好喝吧。也就是說，重要的是你的心。

我不是要在這裡倡導精神論。相信各位應該已經明白，同樣是喝水，心懷感謝的說聲謝謝再喝，跟心浮氣躁的喝，會讓同樣的水變成截然不同的東西。

我們的所思所念時時刻刻都在影響全世界。如果我們展現充滿創意的意象及語言，世界必定會創造出更多美好的事物；如果對世界發出破壞的訊息，地球說不定還會助紂爲虐的破壞宇宙。

如果你也能有這樣的體會，就不要再怨天尤人的抱怨自己的際遇，或是將自己的不幸怪到周遭人身上。現在，就在這個瞬間，你足以改變世界。而你所要做的只有一件事，就是選擇。

你要選擇滿溢愛與感謝的美好世界，或是充斥不滿與疲病的痛苦世界，全都在一念之間。

佛教思想主張世界瞬息萬變，沒有一刻靜止不變。從波動原理來看，波動的能量也必須經常保持流動暢通，不能有任何凝滯。

「剎那即世界」的想法帶給人生希望。我們沒有必要迷惑於過往，自我意志能掌握未來，改變任由你心。身處此時此地，你手中就握有決定一切的關鍵。

我們的意識正協助創造新的世界

想知道你的所思所想對這個世界有多大的影響，可以透過「消雲遊戲」來驗證。換言之，就是靠著你的想像力使雲消失。

找個晴天，從飄浮在晴空裡的眾多雲朵中選定一朵雲當作目標，如果你選擇讓夾雜在許多雲朵中的小雲朵消失，也許會容易些。

「消雲遊戲」最重要的是心理準備。首先必須深信不疑，相信雲一定會消失，另外就是不要太用力。這是個逆向思考，如果太用力，恐怕會因爲衝過了頭而無法適度傳達能量。

做好心理準備之後，在腦子裡想像你從心裡向雲端投射出肉眼看不見的雷射光。記得要讓能量完全對著你的目標，也就是那朵你要它消失的雲。然後，對著雲說「雲不見了」，同時對能量說「謝謝你了」。只要照著這個順序，雲就會慢慢變淡，在幾分鐘內消失不見。

人類意念的能量，就具有如此強烈影響萬物的能力。雲由水構成，而且因爲是氣體，所以我想應該會很快對意念產生反應。

就過去的經驗來看，只要提到人的意念可以影響物質，通常免不了遭到不符科學常理的指責。然而，現在最尖端的科技卻已發展到不進入精神或意念等非肉眼可見的領域，便無法解釋的境界。

以量子學爲始，依循榮格（Carl Gustav Jung）流派的心理學或是遺傳基因學派，已經開始肯定在我們居住的三度空間之外，有另一個肉眼看不見的世界。據說這個世界不僅看不見、摸不到，而且連時間也都不存在。

因量子力學聞名世界的大衛．博姆（David Bohm），將我們可以感受的這個世界稱之爲「明在系」，並且提倡「明在系」的背後還有一個稱之爲「暗在系」的世界。「暗在系」世界了解「明在系」世界的一切，而「明在系」事物的各個部分，則記載了「暗在系」世界一切的訊息。

也許有點難懂，不過換句話說，就是一沙一世界。從宇宙的一小部分，還是可以窺見整個大宇宙；一個人就記載了宇宙全部的資訊，即便是一個細胞，也都刻畫了宇宙全貌。

而所謂全宇宙的訊息，也包含了時間。亦即現在的你，本身也轉載了全宇宙的資訊，包括過去、現在、未來的所有訊息。世界瞬息萬變，絕非幻想玄說。

現在的刹那到底是什麼？物理學又如何解釋？

博姆認爲，每一個刹那內在宇宙開展新局面的投影，就是「現在」。下一個瞬間，又會開展新的局面。簡言之，就是每一瞬間都出現一個不同的世界，只不過瞬間的世界將會影響下一個瞬間的世界，而連結成相似的世界。

從這個理論來看，世界不僅瞬息萬變，而且還不斷更新，而我們的意識正協助創造新的世界。察覺這一點，也許對人生的看法就會有所改變。

祈禱竟然讓湖水變得潔淨

前面這些敘述可能有些難以理解，光在腦子裡思考恐怕會非常混亂，但水結晶能將這些抽象的東西具體呈現在我們眼前。這個世界無時不在變化，水卻在第一時間掌握變化，並且傳達訊息。

這是我還在用波動測定器測量水的時候發生的事情。

與日本相隔遙遠的波斯灣，爆發多國聯軍同時攻擊伊拉克的波斯灣戰爭。開戰當天下午，我碰巧在東京灣測量自來水的水波動，結果發現水銀、鉛、鎘等對人體有害物質的波動值高得異常。當時我完全摸不著頭緒，還以爲是機器故障，不斷的重複檢測，結果都如出一轍。

這個奇妙的觀測結果令我不解，一直第二天看了報紙才恍然大悟。頭版大幅報導波斯灣戰爭的新聞，據說在一天之內攻擊的炸彈，便相當於越戰期間所使用的全部炸彈。

炸彈在距離日本幾千公里之外的地方爆炸，但幾乎在同時，我卻偵測到可能受炸彈影響所產生的有害物質的波動。這可能嗎？

我並不是說在波斯灣飛散的有害物質短時間內便飄到了日本，而是在地球另一端開始炸彈攻擊的同時，炸彈所具有的有害波動在一瞬間便覆蓋了全球。也就是說波動超越時空，在瞬間擴展開來。

波動應該是居於看不見的二次元世界及我們居住的三次元世界之間，所以水才能察覺地球上任何地域發生的事情，並傳達給我們。

當時我並沒有拍下水結晶照片。如果有的話，相信結果一定很有意思。

我再介紹一個波動能夠迅速影響物質的實例，是一個藉由祈禱的力量淨化水質的例子。

我請眞言密教的寺廟住持加藤保喜，到群馬縣藤原水庫去舉行加護祈禱。因爲我與加藤住持第一次見面的時候，他拿了兩張相片給我看，讓我至今印象深刻，無論如何都想親眼確認，所以便請他到這裡祈禱。這兩張相片分別是祈禱前和祈禱後的湖水。祈禱後的湖水很明顯的較爲清澈，看起來相當透明。

祈禱就是祈求的語言，亦即「語言的靈魂」。一般認爲「語言的靈魂」的能量可以淨化湖水。爲了確認，我仔細觀察水結晶，以了解祈禱前後的水質變化。

住持在湖邊大約祈禱了一小時，並且全程錄影。祈禱一結束，我便針對許多問題請教住持。差不多過了十五分鐘，工作人員忽然大叫：

「太神奇了！水竟然愈來愈乾淨了！」

的確，眼見為憑，湖水愈來愈澄淨，連原本因為湖水汙濁而看不見的樹影也倒映在水中。

我馬上採樣祈禱前後的水，並觀察結晶。

祈禱前的水並沒有結晶，只是一張看似痛苦而扭曲的人臉，非常駭人。相對的，祈禱後的水則呈現非常莊嚴的模樣，大六角形中有小六角形，周圍還閃耀著聖潔的光環。

當然，祈禱到水變乾淨需要一段時間，或許物質變化到肉眼可見的程度，都需要一些時間吧。

而這樣的變化，一定是祈禱的波動在瞬間傳達給周圍的物質，並影響到水。這已經不是物理現象，如果不從內在世界的角度去思考，恐怕很難理解。

這個故事還有下文。我做完這個實驗之後一陣子，報紙上刊登了一則新聞，在這個湖中發現女性屍體，疑為他殺事件。這讓我想起祈禱前的水，沒有結晶卻呈現看似痛苦扭曲的人臉。

或許，這個女性的靈魂正透過水向我們投訴，又或許，這個靈魂也因爲祈禱而受到淨化，並且得到救贖。

不只聲音會共鳴，事件也會產生共鳴

我們居住的世界之外，還有另一個不同的世界，從那個世界反觀我們的世界，一定能觀察到一些異同。

英國的魯伯特．謝多雷克博士，致力於研究如何連接看不見的世界，從而開啓全新的世界觀。他在劍橋大學取得生化博士學位，在同校教授生化學及生物學課程，同時也以英國皇家協會特別研究員的身分活躍於學界。

謝多雷克博士在二十多年前發表一本論著闡述其理論，然而科學雜誌《自然》卻給予「應燒毀丟棄」的嚴苛評語。儘管如此，這個理論依舊深入人心，不斷進行諸多實驗，引發極大的話題。

謝多雷克博士到底提出了什麼樣的理論？

我們常說「有一就有二，有二就有三」。比如飛機失事的事件，有時會接二連三的發生，即便是社會或歷史，就長遠的角度來看，其實也一直在重蹈覆轍。爲什麼類似的事件會接二連三的發生呢？謝多雷克博士嘗試從科學的角度來解釋。

所謂科學的態度，就是將「物」還原爲現象進行考察。然而，謝多雷克博士的論點卻跟這種態度背道而馳。

他認爲只要同樣的事情發生幾次之後，就會形成事件的「形象場所」，而只要跟這個「形象場所」產生共鳴，同樣的事情便會再度發生。這裡所謂的「形象場所」並非能量的資訊，而是類似住家設計圖的東西。

這也算是一種「共鳴」理論。謝多雷克博士認爲，不只是聲音會共鳴，事件也會產生共鳴。他將此類事件發生的場合稱爲「形態形成場」，將同樣事件發生的狀態稱爲「形態共鳴」。

儘管這個論點受到《自然》雜誌嚴苛的批評，卻得到新科學支持者的好評，掀起正負兩極的評論。的確，謝多雷克博士的論點不僅奇特，還遠遠超出以往科學的範疇。然而，許多謎樣的事實，從這個理論出發去思考，卻可以得到解釋。

最常提出的例子便是「甘油（glycerin）結晶」。用於炸藥的甘油在發現以來的幾十年間從未產生結晶現象，然而十九世紀初的某一天，從維也納運往倫敦的一樽甘油，不知怎的卻開始結晶。

之後不久，相隔十萬八千里外的其他甘油也開始結晶，演變至今，甘油在攝氏十七度以下會結晶已經是常識。

這個現象又該如何解釋呢？

這可以解釋爲：基於某種理由，只要甘油結晶的「形象場所」成形，全世界的甘油便會順著「形象場所」不斷的產生結晶。

這個現象並不僅限於甘油，其他多數物質也會發生。只要在世界某一個角落偶發性的有某一個物質產生結晶，之後同樣物質便會理所當然似的產生結晶現象。

爲了驗證謝多雷克博士「形態共鳴」理論的眞僞，英國電視台舉行了公開的實驗。

首先，電視台準備了兩幅乍看之下並無特別意義，只不過是很多顏色夾雜的畫。但其實畫中有畫，一個是戴帽子的女性，一個是蓄鬍子的男性。

其次，電視上先放映了一張畫的答案。在電視放映前後分別做了兩幅畫的辨識實驗，觀察電視揭曉答案前後，正確度會產生什麼樣的變化。

當然，兩次實驗所選的參加者都不重複，參加電視放映後實驗的人，並未看過電視放映的內容，所以也就不知道兩張畫中哪一張是電視上揭曉答案的那張。

結果如何呢？電視播出的蓄鬍子男性的部分，明顯比戴帽子女性多得多。爲了謹愼起見，電視台還使用除了英國與愛爾蘭有電視放映之外國家的資料，結果猜對的比例，竟然比放映前多三倍。

這個結果正說明許多人的認知，將帶動素昧平生的人更容易認知，因此可以解釋爲形成了正確辨識畫中畫的「形象場所」，使正確度能夠提升。

謝多雷克博士的理論還可以解釋遺傳現象，亦即遺傳不只是遺傳資訊的轉寫，同時還要再加上「形象場所」的要素。其他諸如稱之爲「共時性」的巧妙偶然，或是榮格提倡的集合性無意識或元形，都可以用這個理論來解釋。

每個人都具有改變世界的魔力

謝多雷克理論最重要的是，一旦「形態形成場」形成，其傳播便可大大跨越空間、時間的限制。換言之，只要「形象場所」成形，就可能在瞬間影響到其他地方。這也可算是世界瞬息萬變的一種。

初聞謝多雷克博士的理論，我訝異萬分，因爲我的水結晶照片研究，簡直就是肉眼可見的「形象場合」共鳴現象。

在拍攝水結晶照片之初，兩個月完全不見任何結晶，一旦成功的拍到第一張水結晶照片，其他研究員也接二連三有所得，或許這也是一種「形態共鳴」。

之前雖聽說介紹謝多雷克博士理論的著作《爲什麼會發生這種事？》在日本出版，並躍居爲暢銷書，不過我之所以對他印象深刻，主要是因爲看到他在電視節目「六位不容忽視的科學家」中的辯才無礙。

四年後，在不可思議的因緣際會下，我在前往歐洲演講旅行時有幸見到謝多雷克博士本人。前來聽我演講的人，恰好有朋友認識謝多雷克博士夫人，在他來電邀請下，我前往博士位於倫敦的自宅拜訪。

謝多雷克博士對我及水結晶的研究知之甚詳，還說大約每週都會收到一封提到我的信或電子郵件。雖然我有太多事想向他請益，但由於博士對我的研究興致盎然，到頭來反而是我不停的回答他的問題。博士對我說：

「我一直在研究生物學與生物行動，從未研究過水，對水的了解著實有限，不過日後我的研究也許會跟水結晶研究發展出幾個相關性。

「我最感興趣的莫過於人的注視所產生的影響力。比如說，有些人只要背後有人看他，他就會有感覺。我想做的就是統計這種數據。

「當然，這個研究容易流於主觀，因此我想到也許這個實驗可以以水爲對象來進行，放置不理的水、受到特別的對象關注的水、普通人看的水、還有壞胚子看的水……設定幾種狀況觀察水的變化，再拍下水結晶。」

博士提出的實驗，跟前述對著瓶子裡的飯說話的實驗有異曲同工之妙，而置之不理的飯會比對著瓶子說「謝謝」或「混蛋」的飯更快腐臭。

我也將這個實驗結果告知博士，他非常高興，但他也提到，由於這其中牽涉到微生物的成長，過程較爲複雜，如果將研究對象改爲對水投以注視，結果將更爲簡單明瞭。

目前謝多雷克博士對精神感應興趣濃厚。比如說，飼主跟寵物狗之間存在著某種默契，在飼主想到要回家的那一瞬間，狗可能就會感受到，開始去玄關等待。據說，博士已經使用錄影帶檢視過兩百個以上這樣的現象。

以下是謝多雷克博士傳達給我的訊息：

「我們的生命仰賴看不見的能量維持，因此希望你能時時刻刻注意你周圍所發生的事，這非常重要。注意便是賦予影響力，不知道各位是不是早已心知肚明，只不過沒有付諸行動。家庭中，父母會注意小孩也是同樣的道理。」

注意任何事，意識任何事，換個說法，也許就是用愛關懷。由於博士站在第一線研究人類意識的影響力，所言也就更爲直入人心。

如果在水結晶的啓示之外，加上謝多雷克博士實證後的理論，便可解釋世界大部分的現象，同時發現每個人都具有改變世界的魔力。

上帝賦予人類創造力，只要充分運用這個能力，便可在瞬間改變世界。

對於活在苦惱中的人來說，這不啻爲極大的鼓勵，改變世界的一切力量就緊握在自己手中。

世界是一連串的連結，你做的事，別人也同樣在做。我們應該創造什麼樣的「形象場所」？要製造一個痛苦、相互傷害的場所，或是要營造一個充滿愛與感謝的世界？

當你面對水，滿懷愛心的表達謝意時，世界上某個角落也一定有人跟你一樣充滿愛心。

你不需要從現在所處的地方走開，你眼前玻璃杯內的水就連接了全世界的水。不管在哪裡，水總會互相共鳴，擴展開來，全世界人類的心靈應該會同時充滿愛吧。

就用滿溢的愛與感謝籠罩世界吧！那將會形成一個「形象場所」，進而改變世界。在這裡，沒有空間與時間的差異，就是現在，在這裡，不論多麼美好的事情都可能發生。

第五章

笑起漣漪

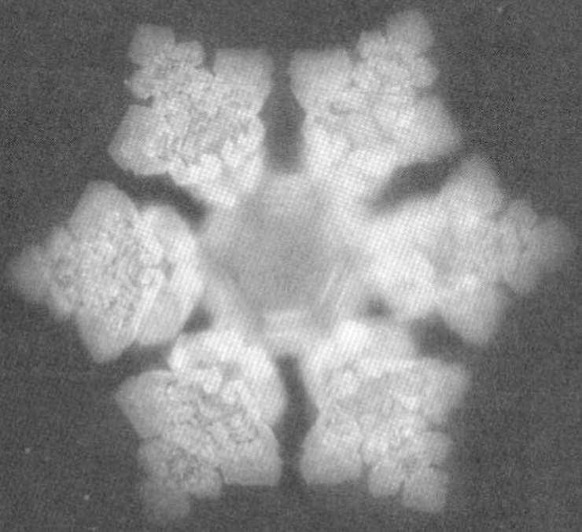

我之所以出版水的冰結晶體攝影集，主要是希望更多人了解，水結晶能啓發我們的諸多宇宙眞理，卻未料這本書竟會在遙遠的歐洲率先激起了廣大的漣漪。這也形成共鳴，彷彿水波般以超越想像的速度，逐步廣傳到人們的心海之中。

到底是什麼東西抓住了世界的人心？我想也許是看過照片之後，人體內的水受到了水結晶照片的感化而產生了某種變化。水亟欲告訴世界，一切的根源在於「愛與感謝」。

愛與感謝是大自然的常理。來自宇宙彼端的水將愛與感謝封印其中來到地球，在地球上創造生命、孕育生命的都是愛與感謝，而人們看過水結晶照片之後，透過細胞中的水而使得原始記憶開始甦醒。

一切只爲傳達愛與感謝。

接著，讓我們再來欣賞幾張水結晶照片。我以世界篇爲題，試著透過風景與音樂觀察水的變化，同時也嘗試比較了各地的自來水與天然水。

水結晶寫眞書之所以能傳遍全世界，完全要歸功於前面提過，後來身兼筆者隨身翻譯的日裔荷蘭人阿維翰特．靜子小姐。

阿維翰特小姐在攝影集出版未經一個月的某天，經朋友介紹前來我東京的事務所拜訪，並看到這本剛剛付梓的新書。

阿維翰特小姐一看到攝影集便受到極大的震撼，當場便用盡身上僅有的現款一口氣買了七十七本，分送給遠在荷蘭、瑞士、德國、美國、澳洲等地的友人。

阿維翰特小姐將書分送友人後，各式各樣的迴響旋即如波浪般回傳到她的身邊。「這本書正是我夢寐以求的！」「這是時代翹首盼望的大作！」種種熱切反應，如同浪濤拍岸般一波接著一波湧來。

阿維翰特邀請我參加她每年在瑞士蘇黎士集結同好，以「人間尋寶」爲名所舉辦的小型聚會。

聚會後一個禮拜，剛好瑞士有一場每年定期召開的大型聚會。有鑑於機會難逢，阿維翰特小姐特別爲我引薦，讓我有幸面對記者演講並接受雜誌採訪，這也成爲水結晶在歐陸激起更大漣漪的契機。

觀看各地風景的水

我將裝了水的瓶子放在世界各地的風景照上，並拍下水結晶。
讓我們看看水呈現出什麼樣的面貌。

【太陽】

這不是一張風景照，而是莊嚴的太陽照片。
水呈現的是一個充滿畫面的結晶體，表現的正是太陽的意象。

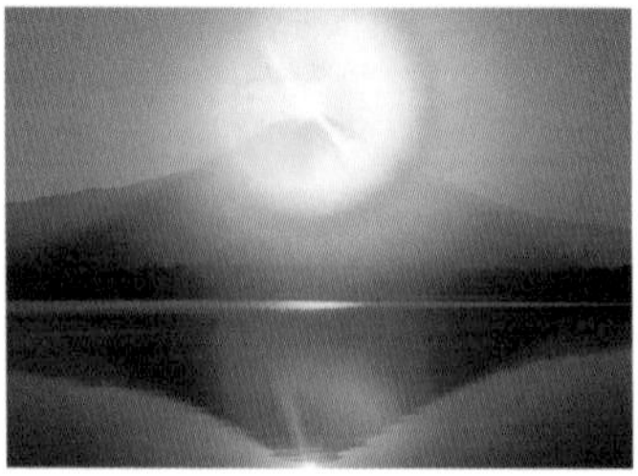

【富士山】

這是一張代表日本的富士山照片，山頂覆蓋著旭日光輝。
不知是不是偶然，結晶也呈現出宛如沐浴在朝日下的光芒。

【落磯山脈】

象徵北美脊梁的落磯山脈，覆蓋著終年不化的靄靄白雪。
結晶也同樣展現出白雪覆蓋的模樣。

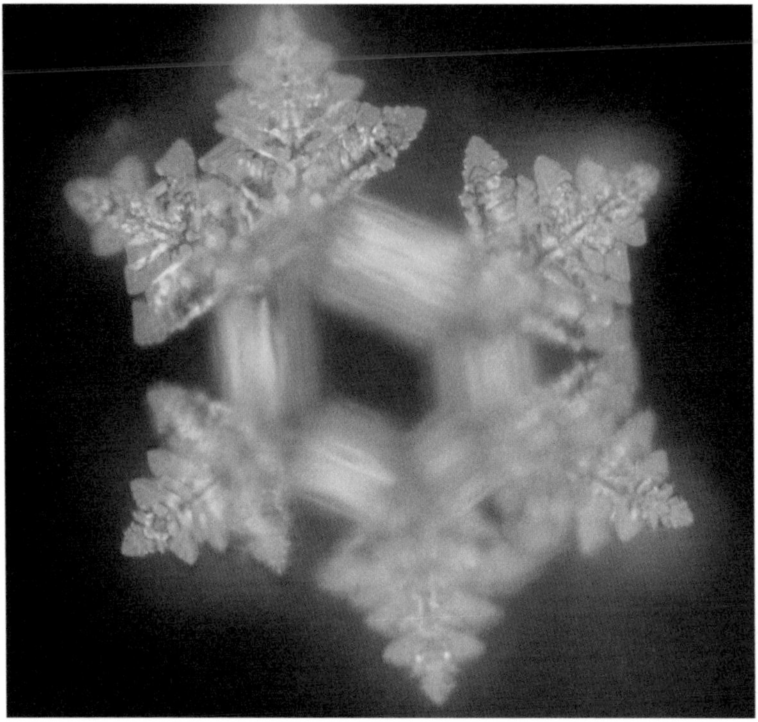

【維多利亞瀑布】

位於非洲辛巴威境內的巨大瀑布。
大柱連結的水結晶彷彿正表現出氣勢磅礡、順勢而下的水流。

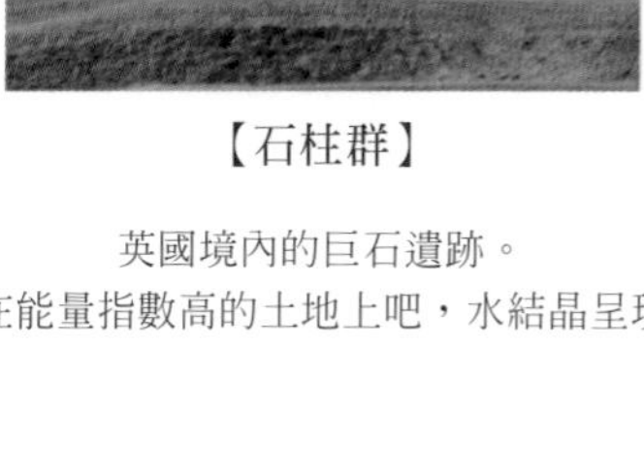

【石柱群】

英國境內的巨石遺跡。
石柱群應該是刻意建在能量指數高的土地上吧，水結晶呈現出綿延不絕的能量。

【珊瑚礁】

三種結晶各具特色，結集纖細結晶而成的形狀正有如珊瑚礁，具體展現了魚群繽紛漫遊的水中樂園。

【熱帶草原】

結晶展現的細膩紋理彷如樹木，訴說著大自然孕育生命的壯闊格局。

【東南亞熱帶雨林】

繁茂的熱帶雨林數千年來不曾間斷的守護著生態系，
正如結晶呈現出微妙安定的平衡感。

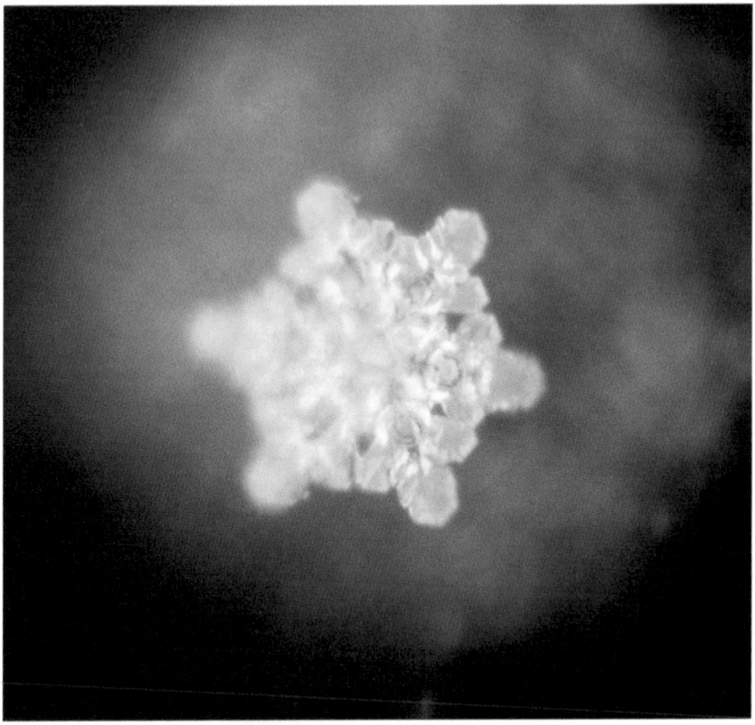

【祕魯．馬丘比丘（Machu Pichu）】

不知是不是想要呈現出繁華一世的古印加帝國風貌，水結晶雖小，
卻華麗如鑽石。

【美國．黃石湖】

黃石國家公園裡的黃石湖畔，色彩鮮明，
由於水結晶呈現出寶石般的美麗色彩，在此特別介紹。

【幣立神宮】

日本最古老的神社，因天岩洞開而聲名大噪。
水結晶呈現的正如左右對稱開啓的門。

聆聽各種音樂的水

水透過各具特徵的結晶，傳達了世界音樂獨特的旋律及聲響。

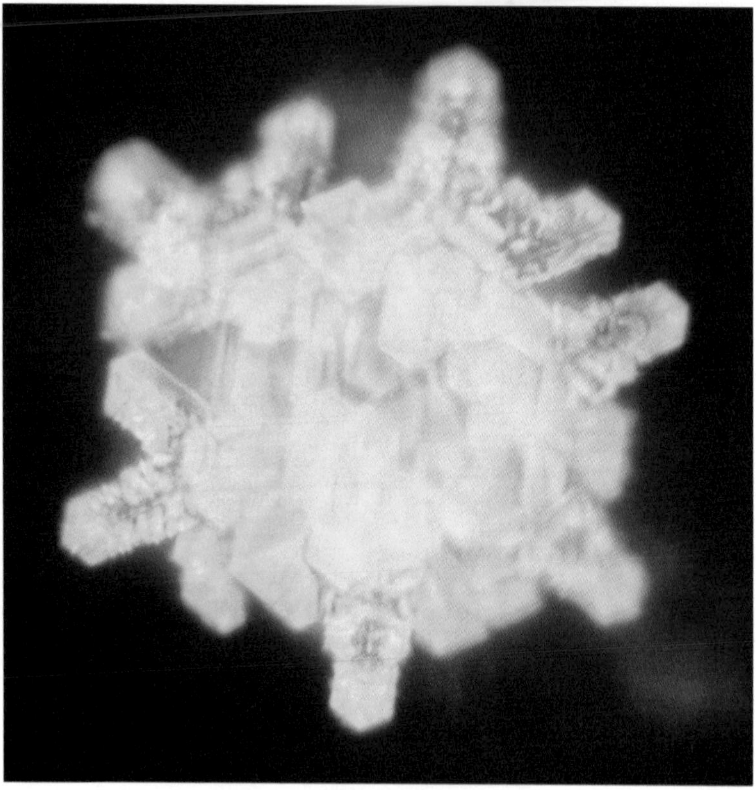

【西藏經文音樂】

複雜的結晶相互糾結，形成強而有力的形狀。
看起來有點像西藏經文中描寫的曼荼羅。

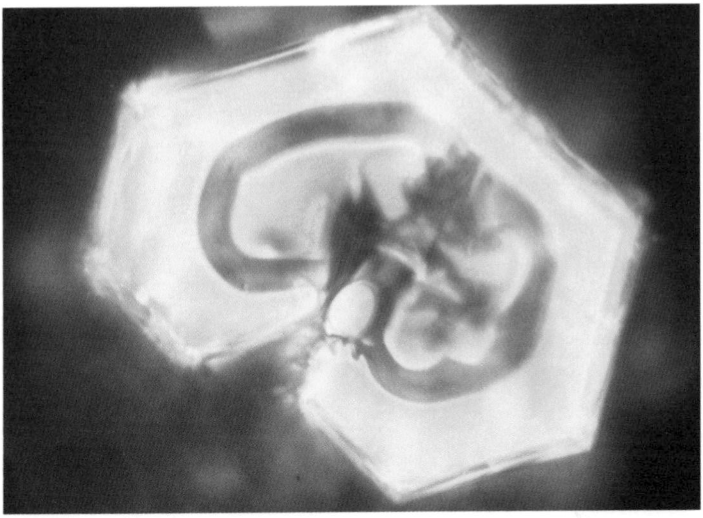

【韓國民謠〈阿里郎〉】

【峇里島〈肯迦〉】

敘述分手戀人傷悲的〈阿里郎〉，形狀也心痛萬分。
〈肯迦〉則紋理細緻，彷彿歌曲有治癒人心的療效。

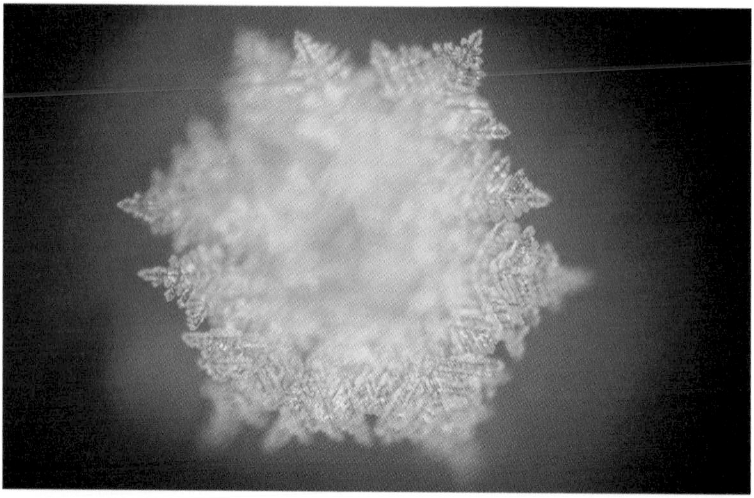

【巴西音樂】

全都呈現星星的形狀。
說明了擺動身體大聲高歌，有提高免疫力的治療功效！

【阿根廷探戈】

兩張看起來都像是雙雙對對曼妙起舞，十分獨特。
你不覺得光是看著照片，就滿心愉悅嗎？

【福音音樂】

形狀彷彿悠然自得、祈禱與神共鳴的人。
只要是歌曲，無論哪個國家的音樂，透過水結晶都展現出具有療效的形狀。

【波卡舞曲】

【啤酒樽波卡】

捷克版波卡舞曲與維也納版波卡舞曲，
即使地區不同，卻都同樣出現了漂亮的結晶。

【奧地利民謠】

【奧地利提羅爾（Tirol）的搖籃曲】

這也十分獨特，像不像唱奧地利民謠時的嘴形？
這一首搖籃曲，彷彿在中間有一個小孩似的。

世界各地自來水的現狀

常用的自來水不知道是不是因為消毒的關係，不論哪個國家都很難形成美麗的結晶。或許各國應該互相擷取所長，找出正確的水處理方法。

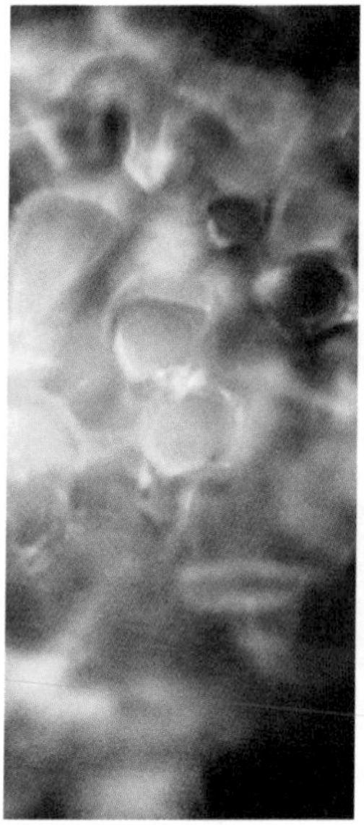

【巴黎】

【倫敦】

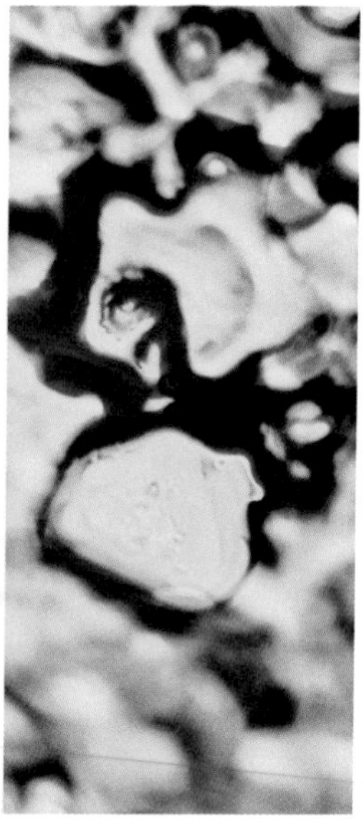

【東京】

全都無法拍出漂亮的結晶。
顯示的正是人類在水中加入了違反大自然生命法則的毒素。

【羅馬】

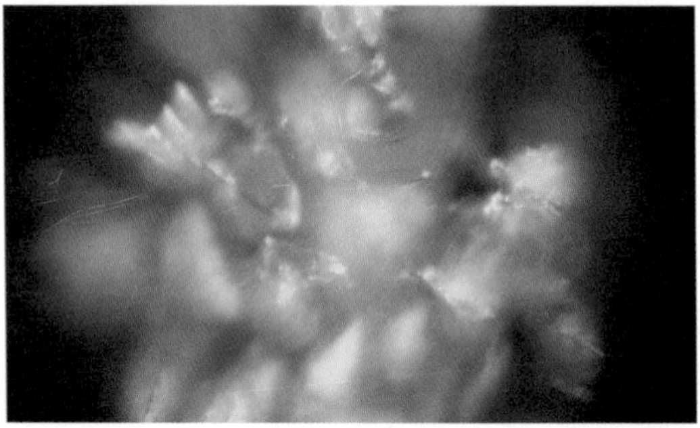

【威尼斯】

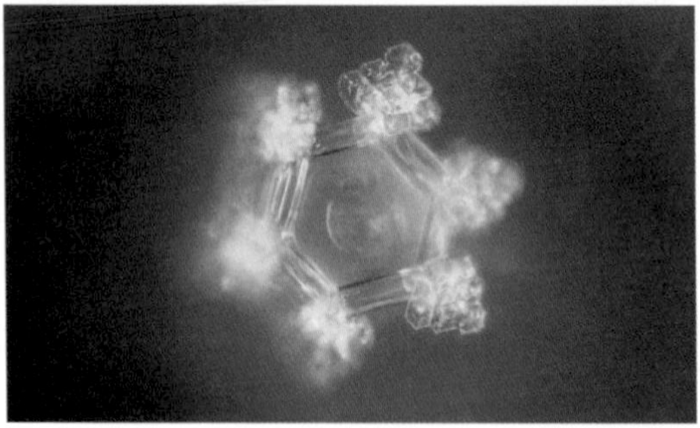

【伯恩（瑞士首都）】

威尼斯縱然有「水都」之稱，自來水仍無法形成美麗結晶。
反觀瑞士的伯恩卻呈現出整齊的結晶。

【華盛頓】

【紐約】

這兩個代表美國的城市，意外拍到了美麗的結晶。
不知是否和曼哈頓的水塔刻意使用杉木水桶有關呢？

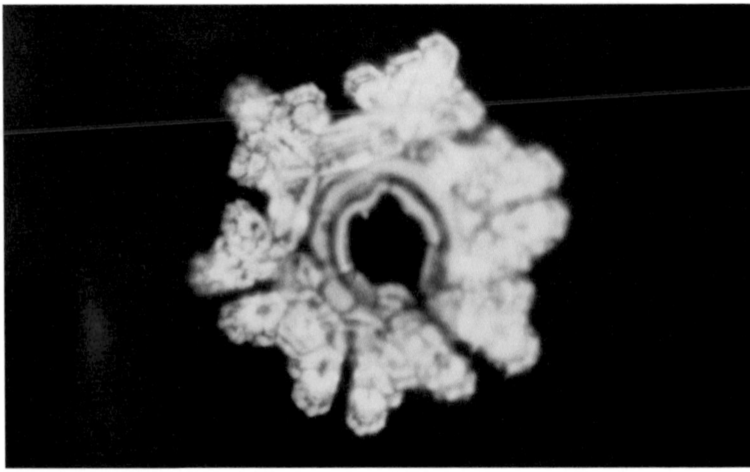

【溫哥華】

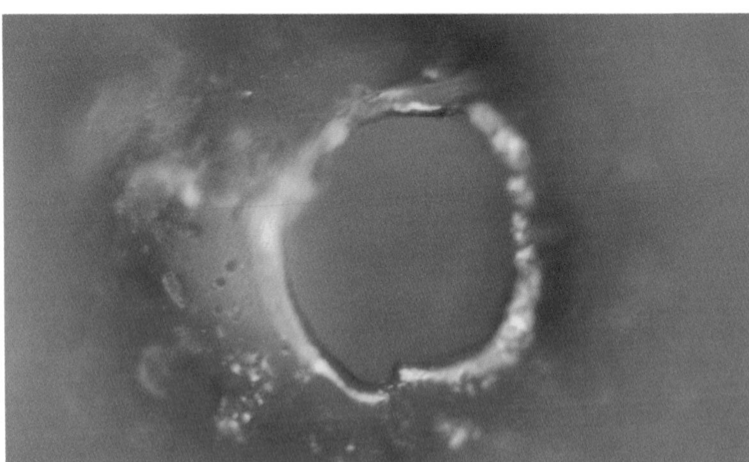

【雪梨】

也許因爲溫哥華有來自落磯山脈豐富的水源，看起來比較美麗。
相形之下，雪梨卻意外走樣。

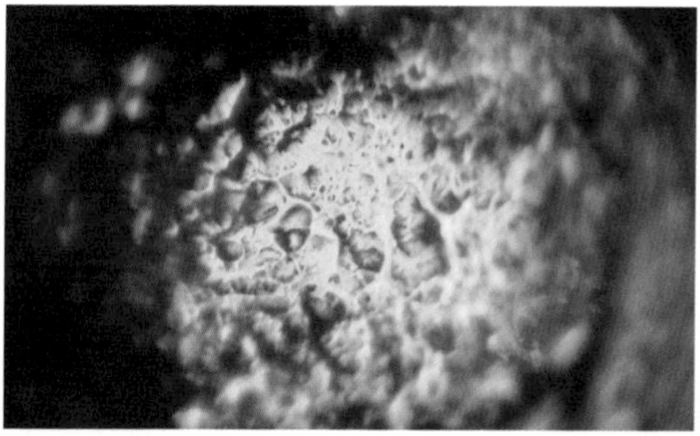

【曼谷】

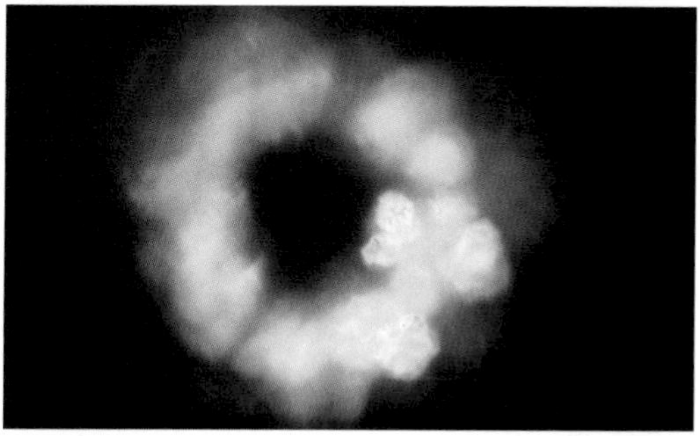

【香港】

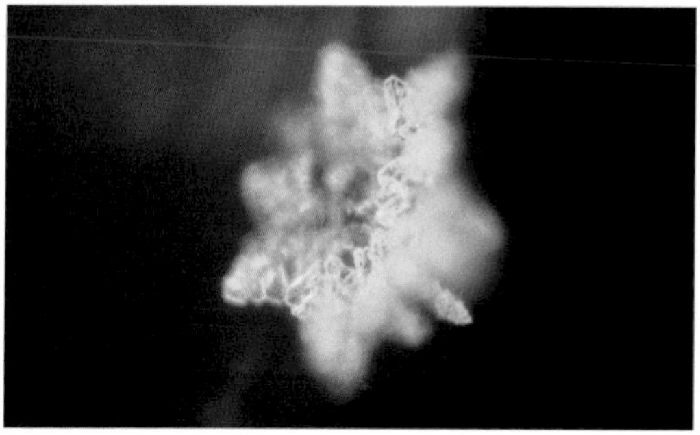

【澳門】

亞洲又會是什麼樣的景觀呢？
看來癥結還是在水處理的方法，不管哪個地方，都沒有完整的結晶。

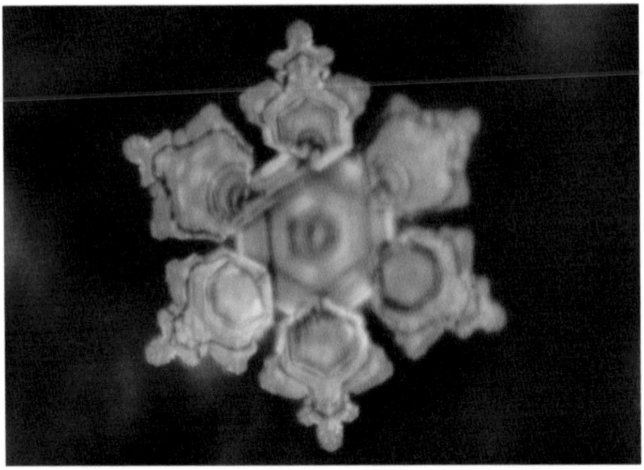

【布宜諾斯艾利斯】

【瑪瑙斯（位於祕魯境內）】

位於南美洲的兩個城市。
瑪瑙斯因鄰近亞馬遜河而水源充沛，布宜諾斯艾利斯則展現相當美麗的結晶。

天然水的美麗光芒

冰河、湧泉、河水等保留原始自然風貌的水，全都極具特色，並展現宛如寶石般美麗整緻的結晶。

【日本廣島縣西條湧泉】

水結晶有如細緻的銀雕。這裡以好水聞名，也是日本少數的美酒產地。

【日本山梨縣北巨摩郡．三分一湧泉】

結晶耀眼奪目。這是來自八岳山雪水匯集而成的湧泉，
連水結晶都呈現出大自然渾然天成的自在美感。

【中禪寺湖湧泉】

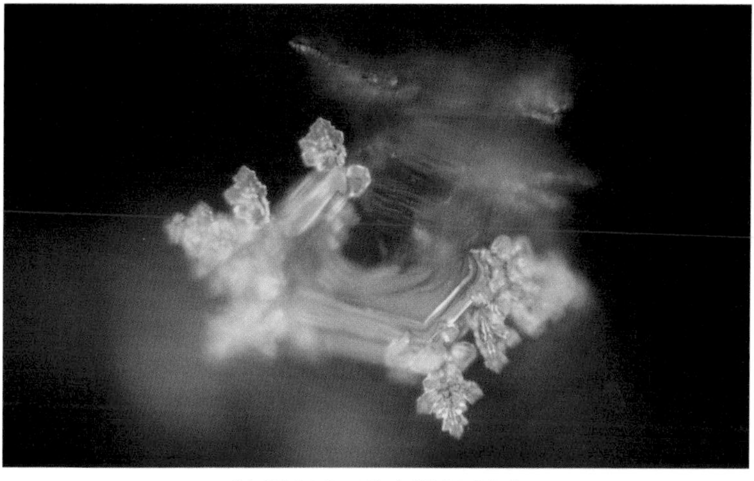

【經過氯處理的中禪寺湧泉】

上為中禪寺湖周圍飯店所使用的湧泉水的結晶。
下圖則是在市公所指導之下進行氯處理後，明顯走樣的水結晶。

【法國洛赫德聖泉】

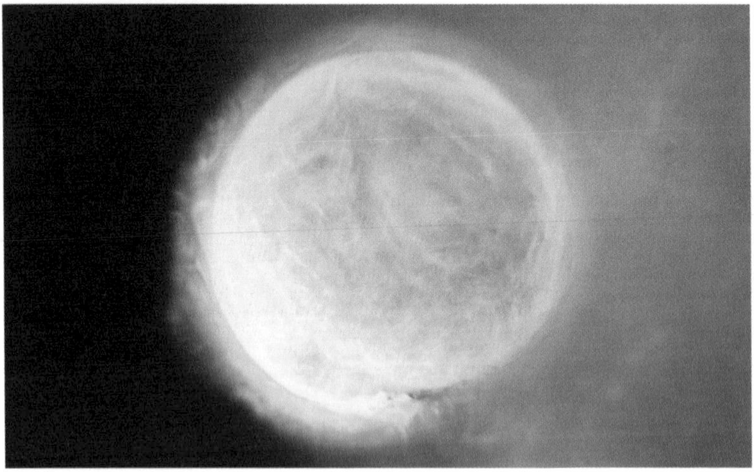

【羅馬許願池】

洛赫德聖泉的水結晶與前述「天使」的水結晶十分神似。
而許願池的水結晶看起來十分獨特，不知道呈現的是不是投下的錢幣形狀？

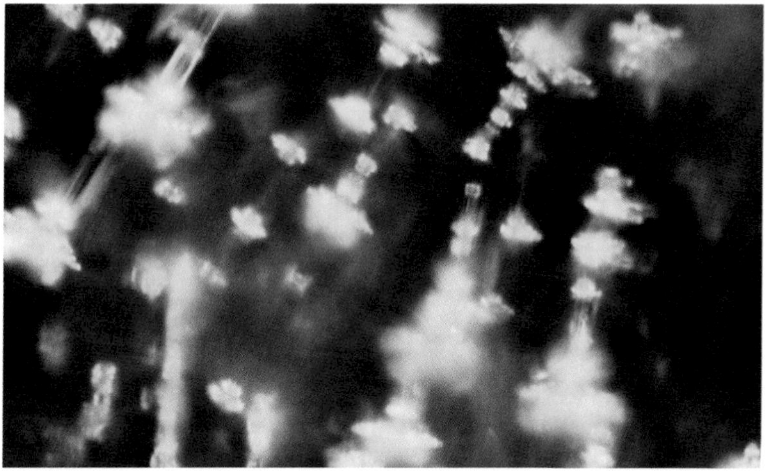

【塔斯馬尼亞・荷巴特・鑽石湧泉】

【紐西蘭地下水】

盛產鑽石的產地連結晶都纖細如鑽石。紐西蘭也呈現完美的結晶。

【南極】

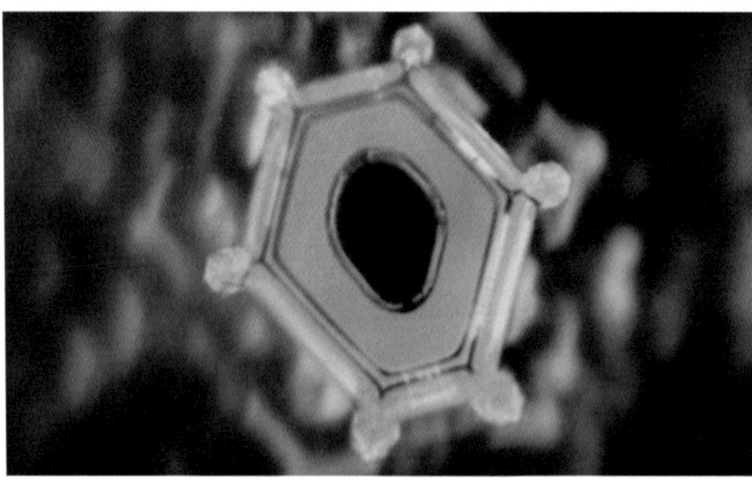

【加拿大．哥倫比亞冰河】

幾萬年前的雪塊，構成結實的結晶。

由於是從表面採集的水樣本，可看出或多或少正受到現代汙染的影響。

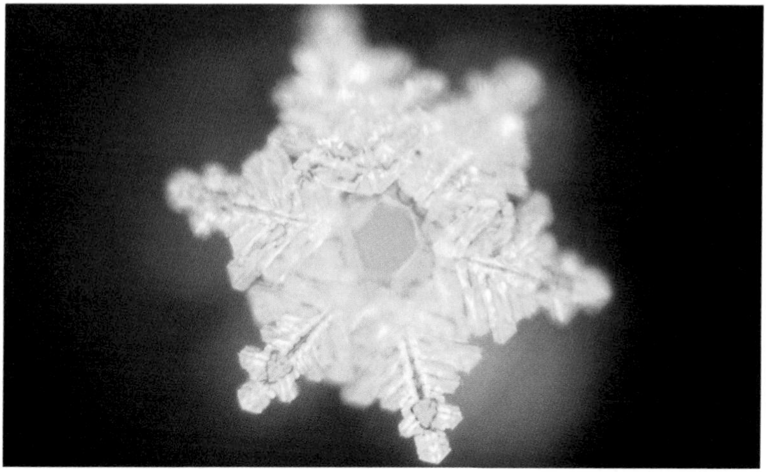

【美國．田達福德林克】

【北韓．妙香山登山口】

這是旅行時採集到的溪谷水，純淨美麗。而首次在北韓擷取的水也美麗如夢。

【瑞士・普林茲湖】

【瑞士・馬秦列湖】

這是取自瑞士，並在當地觀察，堪稱紀念之作的結晶。
只有在歐洲水城的瑞士才能有這麼美麗的結晶。

主辦這次聚會的是先前介紹過的馬妮愛拉·金姆女士，她看了寫眞書後，也深受水結晶吸引。

「我本身有兩個小孩，所以我知道用愛跟孩子說話的結果，絕對不同於單純的命令，正如『做做看好不好？』跟『你給我做！』的不同。我甚至很清楚，體內的細胞一個一個都明明白白的有所感受。

即便在日常生活中，水結晶也有很重要的啓發。

平常我們生活在充斥電磁波的環境之中，現代生活無可避免的需要使用電腦。水結晶讓我了解到，對電磁波造成的傷害無動於衷，和知道會造成傷害而小心謹愼的使用，結果會有很大的不同，讓我印象非常深刻。」

馬妮愛拉·金姆小姐想要邀請我演講，因此向瑞士聖格多加蘭小城的環保局尋求支持，希望以「水與環境」爲題舉辦一場演講，但環保當局以主題過於抽象爲由婉拒這項提案。

於是，馬妮愛拉·金姆小姐轉而號召有志於探求精神世界的同好。從結果來看，這個方向是更理想的。對於那些重視肉眼所看不到的世界以及心靈成長的人們，水結晶似乎引發了他們內心深處的共鳴。

終於，在馬妮愛拉．金姆小姐等人的全力協助下，巡迴瑞士三個城市，歷時一週的演講圓滿落幕，同時也激起較先前更大的迴響。

在這之後，馬妮愛拉．金姆小姐及其夥伴仍多次邀請我造訪歐洲，並廣邀水研究相關的學者專家共同召開演講及研討會。她興奮的告訴我，現在水結晶的相關演講不論在什麼地方都非常受歡迎，甚至還有許多人連會場都進不去呢！

後來，由於國外雜誌的介紹及海外版攝影集的發行，各地的演講邀約也接踵而至。

繼歐洲之後，我也有幸至美國哈佛大學，以及位在波士頓郊外的特殊教育學校發表演說。這裡收的學生，以無法適應美國充斥槍枝、麻藥、暴力的陰暗社會的孩童爲主。由於這些孩子非常纖細敏感，心靈想必也受到一定程度的壓迫。

我歡喜的想像，聽了我的演講，他們很可能會在家中對家人說：「既然穢言穢語都會對水造成傷害，對人就更不應該惡言相向呀。媽媽，我不希望你再用命令的口吻對我說話……」

或許這正是共鳴現象吧。愈多人受到水結晶吸引，遍及世界的速度似乎也就愈快。

這也說明了在這個混沌混亂的世界中，人們正不斷尋求生命的解答！而水結晶一定會成為全球人類共同的答案。

「語言的靈魂」，足以對萬物產生影響

我曾經受邀前往瑞士、荷蘭、英國、法國、德國、義大利、澳洲、韓國、加拿大、美國等地演講。在這些國家中，我也邂逅了一些正在研究水的人，開始與他們展開交流。或許是因為主題是水的關係，大家研究的內容五花八門，讓我不由得頷首稱是、嘖嘖稱奇的獨特研究也不在少數。

在這樣的情況下，我陸續在各地舉行了有關水的研討會，行程益發緊湊、忙碌，卻十分開心。前述在瑞士的研討會，在魯澤倫這個地方舉行了兩次，預料今後應該會有更多國際人士參與。

至於在澳洲或英國舉行的研討會，則是我接到邀請前往參加的。

以歐洲為首，海外的人士對水的關注，實在非常深切，至少遠比日本人要深切。

日本訪察團在參觀蘇黎士湖時，由於湖泊實在太過潔淨美麗，不由得脫口詢問當地的導遊：「爲什麼一點垃圾都沒有？」據說當時導遊反而一臉疑惑的反問：「爲什麼會有這樣的疑問呢？」

演講時，我通常都會帶著水結晶照片的幻燈片。即便在歐洲，也都是一邊放映在當地採集的水結晶照片一邊說明。

在瑞士這樣進行時，當地人的回應總是率眞的表達驚訝與感動。透過這樣的反應，我得知瑞士人對於水有著極高的意識。不過，從日本帶幻燈片前往，無論如何都會受到限制。因此很自然的，許多人都希望我能在歐洲成立研究所。

我開始將過去一直放在心裡的構想慢慢說出來，這個構想非常獨特而宏大，簡單的說，研究所的建築主體就是六角形的水結晶形狀。

說得更清楚一點，就是中央有一個研究水結晶的研究所，同時在其外環排列著「物理．數學」「生物．醫學」「天文．海洋」「政經．歷史」「哲學．宗教」「化學．工業」等六大領域的研究所。在我的想法中，若將這六大領域細分爲十八項，加總之後共有一百零八個研究細項。

這個構想出自許久前便在我心中醞釀的一個想法。地球環境何以惡化至此？人心何以荒蕪至此？社會爲什麼又變成這樣？這些或許都應該歸咎於科學家的怠惰腐敗，以及掌權者蓄意構築的共犯結構。

當然，還是有許多意志堅定、爲人類勞心盡力的傑出學者。然而，放眼社會現狀，不由得讓人感嘆，擁有宏觀視野，致力於人類生存及淨化地球活動的學者實在少之又少。

從日本明知氯消毒有害人體，卻偏偏一意孤行的現象，便不難窺見御用學者任由社會沉淪的態度之一斑。

當然，單方面將責任推給學者也不客觀。我們也可以說，社會根本已經腐敗到不管少數學者多麼有見地，多麼費心努力都無法挽救的地步了。

該如何重振科學界的低落士氣呢？我認爲有必要重整科學家周遭的環境和體制。我正在構思的這個研究所，就是希望藉由市民的團結與力量，讓學者能夠自在專心的致力研究，同時也能和其他領域的學者頻繁交流，以便在宏觀的視野下重新審視自己的研究。

若眞能實現，相信一定能夠獲得眞正對地球人類有貢獻的研究成果，同時也能補強單獨研究可能發生的經費或其他問題。

舉例來說，我的腦子裡便有早午間各研究領域的學者們集聚一堂，在中央餐廳邊用餐邊交流，傍晚則各自發表自己研究成果的景象。

當然，要實現這個計畫，還需要克服好幾個障礙。但無論如何，我總算跨出了第一步。

無論什麼樣的計畫，最重要的莫過於清楚而具體的發表出來，這是我多年商務經驗的結論。我從小碰到事情，總是清楚表達自己的想法與意願，有時甚至讓大家認爲我愛說話。

當你清楚表態，就是在匯集能量。尤其是在人前公開宣言時，更能匯聚能量，一鼓作氣付諸實行。

話說出口，現實才會尾隨而至。當然，千萬不要信口胡言，要秉持信念，公開表述，這是非常重要的。所說的話都該如立誓，一言既出，就要有努力實現的覺悟與決心。這樣一來，還有可能獲得意想不到的人提供支援與協助。

我相信各位已經了解，語言有其固有的振動數，也具備影響宇宙的能量。出自口中的話，都是有力的「語言的靈魂」，足以對萬物產生影響。換言之，人類經大自然啓發而成的語言，正是造物主的語言。

有個人親身證明了清楚表態時「語言的靈魂」所具有的能量，同時也驗證了這在人的生命中會產生多大效能。這個人就是我的恩師鹽谷信男先生。

鹽谷先生去年（二〇〇一年）雖已九十九高壽，但是背脊依舊挺拔，不管怎麼看都顯得神采奕奕。過去他一年演講數次，每次都站著講一到兩個小時。不僅如此，他每天不忘練習高爾夫球，每週還去球場打一次球，如此高壽而健康的模樣，說是怪物也不爲過。

鹽谷先生的健康祕訣在於他所獨創的正心調息法。他在腦中想像透過呼吸，肺內充滿飽滿的空氣，體內氧氣不斷循環，從而得以匯集宇宙能量，創造健康體魄。當然，其中不乏用口大聲宣告、清楚表達出來的力量。

鹽谷先生提倡在正心調息法之後，誦唱其稱之爲「大宣告」的祈禱文。內容如下：

「凝聚宇宙無限力量，必生成眞和平盛世。」

大宣告祈禱文中滿懷著結集宇宙力量、蘊含引導世界和平能量的希望，而其中最重要的便是他使用「必」字的篤定。

他曾經提出一項假設，認爲研究物質到極致，應可找到現代科學尚未發現的「幽子」。他建議把「幽子」視爲介於三度和四度空間之間的物質。大聲宣告出來的話，會產生強烈的「語言的靈魂」來凝聚「幽子」，並透過這個作用而成就三度空間內的事物。

只要待萬物以愛，意識的美妙力量便會擴散到全世界

我也曾經親身體驗過鹽谷信男先生所說的「語言的靈魂」的力量。

那是在一九九九年七月發生的事。

那一天，日本最大的湖泊琵琶湖畔，聚集了大約三百五十人。由於自古便傳說只要琵琶湖水乾淨了，全日本的水便會跟著淨化，因此由我擔任召集人，發起這個以淨化琵琶湖水爲主旨的集會，同時在迎接新世紀來臨之際，也祈禱世界和平。

在當時高齡九十七歲的鹽谷先生指導之下，三百五十人齊聲高誦「大宣告」祈禱文，高呼世界和平的聲音與心靈合而爲一，迴響在琵琶湖畔，瞬間的

感動讓人不由得肅然起敬。

就在集會順利結束之後的一個月，琵琶湖發生了不可思議的現象。通常每年會覆蓋在湖面並散發惡臭的藻類，奇蹟似的不見蹤影，同時這一年也未聞任何有關湖水臭氣熏人的抱怨，當地的報紙（一九九九年八月二十七日京都新聞）還曾大幅報導此事。

的確，如果不了解「語言的靈魂」的原理，這個現象充其量不過就是個極端不可思議的怪象。然而，語言的靈魂有足夠的力量在瞬間產生影響，改變世界。因此這一定是祈禱世界和平的強烈語言靈魂，在瞬間將湖水導向淨化的結果。

另一個關鍵是，三百五十個人集合高誦「大宣告」祈禱文時強烈的意識，形成了改變宇宙的原動力。

在這裡我要運用愛因斯坦的相對論「$E=MC^2$」來說明，因爲這個公式還隱含著另一個意義。

所謂「$E=MC^2$」，一般的解釋是能量等於質量乘以光速的平方。但我將原本爲光速的「C」解讀爲「意識」。既然「M」爲質量，就將「C」想成是有意識的人數。

這個說法是出身越南的精神免疫論學者黃・凡・狄克博士教我的。十多年前，博士出席我主持的研討會，同時不經意的說出「$E=MC^2$」的「C」不是光速，而是意識。

也許是這句話深深烙印在我的意識之中吧，在我深入思考波動及人生方向的時候，這句話就忽然在我的腦中甦醒了。

愛因斯坦在一九〇五年提出這個公式，距今也已近百年。雖然沒有實證可證明愛因斯坦本身是否認爲「C」即意識，但是宇宙一切皆爲相似形。即便將這個公式中的「C」視爲意識，我認爲也絕無不妥。

從這個公式來講，意識必須是平方。據說人類一般都只將潛在能力活用到百分之三的程度，但是只要將可使用之能力增加僅僅百分之一，能量便會加倍。如果全世界的人同時發揮這百分之一的力量，那麼能量差別之大絕對不容小覷。

只要待萬物以愛，不忘感恩的心，意識便會轉化爲美妙的力量擴散到世界各個角落，這便是水結晶明確傳達的訊息。

水結晶研究的發展可能

前面我提到過集合眾人透過念力淨化湖水。我相信看過水結晶照片的人，應該很容易接受這件事，而且認爲這是再自然不過了，但我卻仍想再進一步追求科學的根據。

有一天，當我隨手翻開報紙，發現啓示就在其中。「超音波可分解水中戴奧辛」的大標題矗立眼前，報導新開發的技術。內容是說：頻率兩百赫茲的超音波在水中流動，會產生細小氣泡，細小氣泡若破裂，將會分解水中所含的戴奧辛等有害物質。

看到這則新聞，我雀躍萬分。我終於找到解釋語言的靈魂能量的啓示了。

換言之，三百五十人在琵琶湖畔一起唱誦大宣告祈禱文，並祈禱世界和平的心意，間接的產生了兩百赫茲的超音波。當然，由於超音波屬於耳朵聽覺層次以上的聲音，因此無法藉由發聲產生。但是從八度音同調便會產生共鳴的理論出發，在某種條件下間接產生類似的超音波也不無可能。

雖然這還不出推測的範疇，但是語言的靈魂具有強大的力量，卻是不容否認的事實。

話說回來，使用超音波的水淨化技術，如果能與調整水波動的技術整合，可能會產生更大的效果。

舉例來說，可用兩階段的方式來進行，先用超音波處理遭到化學物質汙染的水之後，再加上水波動的訊息。兩百赫茲的超音波會使汙染水質的物質隨著氣泡分解，但是不管分解得多麼細碎，汙染物質還是存在。爲了杜絕這樣的汙染物質，可以進一步給予相對於汙染水質的水波動資訊。

也許這兩種方法還未臻完整，但是透過兩種方法的整合並用，或許就能將溶解於水中的有害物質完全分解。這項技術，說不定還能有效分解殘留在人體內的有害物質。

水結晶的研究，未來還有什麼發展的可能嗎？

這一點，還有賴日後科學認同水結晶的程度，也是我必須切實深思的問題。在國外演講時只要展示結晶的照片，聽眾便會提出各式各樣的問題。比如說，有人會興趣盎然的問，聽音樂的時候，以數位模式播放的ＣＤ跟以類比音響的唱片，所產生的水結晶是不是一樣？如果是現場演奏又會有什麼不同？我想未來我也得再多設定一些狀況重複實驗，以便能夠當場給予明快的答覆。

更大的問題在於重現實驗。正如我過去不斷觀察到的，水結晶會隨著人的意識而起變化。此外，將水放進五十個玻璃盤製成冰塊時，水滴落的方式、處理者的波動等，都會使水形成截然不同的結晶。依序檢視五十個玻璃盤中的水，也會發現水的狀態無時不在改變。

在諸如此類的條件之中，幾乎不可能滿足科學所謂「條件完全一致」的嚴謹要求。因此在實驗方法上，我們只能極盡所能的在受限的條件下採行科學的方法。

比如說，爲了將人的意識產生的影響壓抑到最小程度，我們採行了「遮蔽作業」。因爲如果觀測者認爲聽到「謝謝」的水會比聽到「混蛋」的水產生更美麗結晶，這個意識就可能對水產生影響。因此，我們只單純的在玻璃盤貼上A與B的標籤，到最後再揭開何爲「謝謝」、何爲「混蛋」。使用這個方法，應該就可以避開研究者意識產生的影響。

在選擇結晶時，我們將五十個玻璃盤中分別觀察到的結晶，分成「美麗結晶」「六角形」「不定形」及「無結晶」幾類，以圖示之。此外，每個類別都設有一定的係數，視結晶狀況來打分數。

這麼一來，我們一眼就可看出哪些是幾乎無結晶的水、哪些是會有美麗結晶的水，能迅速了解各種水的情況或傾向。

水結晶也會因觀察者的身心狀態而產生變化，因此我們會重複讓多位熟練的觀察者觀察同樣的水結晶。

我們的研究用意，乃在透過這種方法研究纖細的水，同時傳達水啓發的重要訊息。

我們背負著淨化水資源、改善地球環境的使命

我認爲水結晶未來會帶給人類最大的貢獻，應該是在預測地震方面，因爲水有早一步掌握地震訊息的能力。

就我看來，只要每天採集各地的地下水並觀察其結晶變化，萬一發現地殼有異常變動，我們即能透過水迅速察知。

比如說，某個地方發生地震時，我們可以解析之前所採集的水結晶資訊，

我相信一定會發現當地的水結晶在結構上有些變化。

只要在每次地震發生時，把即將發生到實際發生地震之間水結晶的變化做成資料庫，或許可以發現某種共通點，同時透過這個資料庫的累積，說不定便能預測到下次地震的發生。

我的外祖父、舅舅、舅媽都在關東大地震時罹難，阪神大地震更為我們帶來極大的損失、影響及心靈的創傷。如果水結晶技術可以發展出預測地震的功能，可能為人類帶來的福祉眞是無可計數。

這項技術除了地震之外，尚可廣泛運用到預測颱風、水災等大自然異常氣象所帶來的天災。另外，在病毒感染或偵測其他國家祕密進行的軍事實驗等各個範疇，也都有廣泛運用的可能。

另一個今後的課題，便是如何讓每個人都能簡單的拍到水結晶照片，透過使用新素材的技術，這將是指日可待。這個素材的熱傳導力效率，高出平常的二十五倍，即使在常溫之下都可以使水凍結。

因此，我們再也沒有必要像以往一般，在攝氏零下五度的房間拍照。目前我們正以這項新技術為基礎，開發任何人都能在任何地方拍攝到水結晶照片的機器。

今後，水結晶技術將成爲人類共通的財產，雖然這又是一把雙刃劍，但只要用法正確，水將帶給人類無限的繁榮和幸福。不過我們也要避免將它用來滿足私欲或加害他人。

人類由水構成，缺了水人也活不成。但是水能載舟亦能覆舟，我們也不能忘記水有呑沒文明，使其滅絕的威力。

一切全在人心。

一念之間可生幸福，也可生傷害。這一點，水結晶已經清楚的呈現在我們眼前。

那麼，我們應該怎麼生活呢？

我還是秉持我一貫的主張，堅持愛與感謝最重要。感謝孕育出愛心，愛則導引出感恩的心，從而如水結晶一般擴散到世界。

我們背負著淨化水資源、改善地球環境的使命。要完成這項使命，前提是每個人都必須擁有澄淨的心靈。

過去我們剝削地球、汙染地球，這段歷史，全在水的記憶之中。現在，水開始說話了。水正透過結晶，不斷的對我們傳達訊息。

現在正是人類重寫歷史的一刻。水正靜靜的凝視著人類行進的方向。你現在活著的這個瞬間，也有水在靜靜守候。

請用你的身體接受水的啓示，並且轉達給更多的人。

後記　向生命發出蘊含力與美的訊息

就讓我們再次展開水與宇宙的幻象之旅。

當我第一次聽到水源源不斷來自宇宙彼端的說法時，不禁感到無限的恐懼。因爲如果水照這樣繼續不斷的來到地球，那地球豈不是會淹沒在一片汪洋之中？

人類遠從太古之初，便遭受過無數次水患。世界各民族的神話幾乎絕無例外的都有大洪水的故事，根據科學調查，也的確發現了地球過去遭到大洪水侵襲的證據。看來，挪亞方舟的洪水、亞特蘭提斯大陸的沉沒，都絕非單純的杜撰。

正如歷史仍不斷反覆上演，如果水繼續從浩瀚無垠的宇宙來到地球，那麼地球無疑的仍潛藏著再次爆發大洪水的危機。最近世界各地發生水災的新聞不絕於耳，因此即便這可能是數千年或數萬年後的事，但現在就應該開始思考對策。

就在恐懼占據我的心頭，不住思考地球該如何處理不斷來自宇宙的水時，一個念頭閃過腦海。

宇宙的一切都是相似型，微觀世界會忠實呈現另一個微觀世界，宇宙就是一個巨大曼荼羅。從這個角度出發，可知發生在宇宙的事，其實也有可能在我們的體內重演。

人體需要水循環，同理，宇宙的水也需要不斷循環。如果水只是持續湧進地球，那麼宇宙中的水終將有枯竭的一天。

水應該是經由地球展開以宇宙彼端爲目標的浩瀚旅行，所以現在地球上的水，總有一天會再返回宇宙。

若眞是如此，水不斷送到地球的事實，到底又在說明什麼呢？也許塊狀的冰不只掉落到地球上，只不過其他星球並不像地球有這麼好的蓄水條件而無法儲積水罷了。

若將太陽系比喻爲人體，我想地球也許擔負的就是腎臟的功能。

人體的腎臟每天會過濾兩百公升的水，並將過濾後乾淨的水轉送到其他器官。這麼說來，地球的功能可能就是將循環太陽系的水過濾之後再送回宇宙。

既然如此，誰又該淨化地球水源呢？答案是人類。因爲我們是水做的，因爲我們生在地球，因此有義務淨化地球水資源。

在思考水循環宇宙展開長途旅行的時候，我不由得又想：人從哪裡來？要往哪裡去？

將人與水等同視之，可以解開幾個謎底。由於人體有七〇%由水構成，因此水記憶的訊息，自然而然便形成了人格。

我曾聽說有人經過輸血之後，要不就是腦中忽然浮現不曾見過的風景或記憶，要不就是性格一百八十度大轉變……

我們的人生經驗，很可能全都變成水的記憶留在體內。而這個，就稱之爲靈魂。

靈魂、重生、靈的存在。還有很多事情未經證明，但是我相信隨著水研究的進步，這些問題總有在科學之下見眞章的一天。

靈魂究竟來自何方？如果水如前面所述，來自宇宙的彼端，那麼身爲人類的我們又將何往？

我們就是水。也許有一天我們將帶著在地球所學的種種經驗記憶，再次向宇宙出發吧。而我們的任務就是在離開地球之前，淨身成爲無汙染的水。所以我們必須活得神采奕奕，用意識淨化水，並更進一步向所有生命發出蘊含力與美的訊息。

我們最大的期盼，應該是讓美麗至極的水結晶充滿世界每個角落。

因此，我們需要「愛與感謝」。請大家再欣賞一下那些美麗的水結晶。如果地球上的每一個人都能心存「愛與感謝」，相信地球必定能回復原來的美麗。

我們終究會結束地球上短暫的生命，飛向浩瀚的宇宙，會怎麼離開，沒人知道。這一點，我們只能委諸宇宙廣博無垠的眞理去決定。當然，到時候我們就不再擁有現在的肉體，可能只是滴水之姿，也可能是水化作的一抹紅霞。

待我魂將歸去的那一刻，我想我一定會對各位說：

「各位，讓我們飛向宇宙，下一站要不要一起到火星看看！」

國家圖書館出版品預行編目資料

生命的答案，水知道（典藏紀念版）：全球熱銷突破四百萬冊，揭開心念的強大力量／江本勝 著；長安靜美 譯.
-- 初版 -- 臺北市：如何，2022.02
184 面；14.8×20.8 公分 --（Happy Image；15）
ISBN 978-986-136-613-5（平裝）

1. 人生哲學　2. 宇宙　3. 波動

191　　110021671

Eurasian Publishing Group
圓神出版事業機構
用心與你對話・視野無限寬廣
如何出版社
Solutions Publishing

www.booklife.com.tw　　reader@mail.eurasian.com.tw

Happy Image 015

生命的答案，水知道（典藏紀念版）：

全球熱銷突破四百萬冊，揭開心念的強大力量

作　　者／江本勝
譯　　者／長安靜美
發 行 人／簡志忠
出 版 者／如何出版社有限公司
地　　址／臺北市南京東路四段50號6樓之1
電　　話／（02）2579-6600・2579-8800・2570-3939
傳　　真／（02）2579-0338・2577-3220・2570-3636
總 編 輯／陳秋月
副總編輯／賴良珠
責任編輯／柳怡如
校　　對／柳怡如・丁予涵
美術編輯／林韋伶
行銷企畫／陳禹伶・曾宜婷
印務統籌／劉鳳剛・高榮祥
監　　印／高榮祥
排　　版／杜易蓉
經 銷 商／叩應股份有限公司
郵撥帳號／ 18707239
法律顧問／圓神出版事業機構法律顧問　蕭雄淋律師
印　　刷／祥峰印刷廠
2022年2月　初版
2024年7月　4刷

定價310元　　ISBN 978-986-136-613-5　

〈附錄〉 米飯實驗學習單

實驗人姓名：＿＿＿＿＿＿ 實驗人班級：＿＿＿＿＿＿ 實驗日期：＿＿＿＿＿＿

實驗方法 裝好三碗飯，分別對它們「說好話」「罵它」「不理它」，歷時一個月，觀察其變化

實驗結果 請寫下三碗飯的變化（外形、味道等），並將外形變化畫在下圖

「說好話」：＿＿＿＿＿＿＿＿＿＿＿＿＿＿

「罵　它」：＿＿＿＿＿＿＿＿＿＿＿＿＿＿

「不理它」：＿＿＿＿＿＿＿＿＿＿＿＿＿＿

想想看

你相信說話或文字，對米飯會有影響嗎？＿＿＿＿＿＿

你覺得罵人比較傷人，還是不予理會？＿＿＿＿＿＿

看到實驗結果後，你會注意自己每天說的話嗎？＿＿＿＿＿＿

延伸閱讀

在《生命的答案，水知道》這本書裡提到，如果讓水聽某些話或音樂，再將水冰凍後拍攝其結晶，就會看到各種形狀的結晶喔。

※掃描封面折口的QR Code，即可下載列印本學習單。